シリーズ〈行動計量の科学〉
日本行動計量学会【編集】

8

項目反応理論

村木英治

［著］

朝倉書店

まえがき

　シカゴ大学教育学部の Measurement, Evaluation, & Statistical Analysis（MESA）博士課程プログラムに入学したのは 1977 年の秋だった．その当時 MESA の部長をしていらしたのは，教育目標の分類学（taxonomy of educational objectives）で世界的に著名な Benjamin S. Bloom 博士だった．筆者のシカゴ大学留学の最初の目的は，Bloom 先生の下で教育評価関係の研究をすることだった．Bloom 先生の主催する完全習得学習（mastery learning）のコミュニティカレッジでの研究プロジェクトに携わりながら，入学時からしばらくは Bloom 先生の下で博士論文の準備を始めていた．

　その頃，最初に受講した教育測定関係の授業が Benjamin D. Wright 先生の心理測定学（Psychometrics）だった．Psychometrics というコース名ではあったが，これは最初から最後までラッシュモデル（Rasch model）の授業だった．このコースの最初の授業で，Wright 先生は片手に木製の長い物差しを持って現れた．そこでラッシュモデルを共通尺度として使うことによって，それが社会科学全般にもたらすであろう素晴らしい貢献の可能性を熱く語った．いわゆる客観的測定（objective measurement）の概念である．授業の数学的レベルは日本から来た心理学専攻の学生にとっても十分に把握できた．それに Wright 先生のエネルギッシュなラッシュモデルについての授業に感化されたせいか，筆者の関心はしだいに教育評価から心理測定や教育測定へと移っていった．

　同じ頃に，同じく MESA の教授であった R. Darrell Bock 先生は彼の著書 "*Multivariate Statistical Methods in Behavioral Research*" を使って多変量分散分析の授業を行っていた．筆者も受講したが，これは確かに難しい内容だった．出席している受講生の数も Wright 先生のそれと比べずいぶんと少なかった．筆者については日本から来た熱心な学生だという印象をもたれたらしい．実際，熱心にならざるを得なかった．日本人はみな数学が得意だという既成概

念がその頃はあった．その期待を裏切りたくない．何度先生のその教科書を読み返しただろう．東北大学の筆者の研究室の書棚にある本の中で，多変量解析のその教科書は一番ぼろぼろになってまだある．

　そのBock先生は当時連続変数の分析から質的変数の分析に興味を移していらした頃だった．Bock先生がAitkin先生との共著のMML-EMアルゴリズムに関する*Psychometrika*誌の論文（Bock, R. D., & Aitkin, M.（1981）. Marginal maximum likelihood estimation of item parameters：Application of EM algorithm.　*Psychometrika, 46,* 443-459.）の執筆を準備していた時期だったのかもしれない．筆者が入学してからしばらくたって，Bock先生はIRT（item response theory，項目反応理論）の授業を多変量解析の授業と隔年に交互に行い始めた．その授業ではIRTモデルは質的変数のデータ分析の一つのメソッドであるという立場で講義が進められていた．

　Wright先生のラッシュモデルの授業で目覚めた教育測定学への筆者の興味は，Bock先生のデータ解析の一手法としてのIRTモデルについての講義で広がっていくのを感じた．いま振り返れば，IRTの分野でのこの2人のオーソリティから直に教授を受けたのだから，教育測定学の学徒としてのこれ以上の幸福な出発はなかったであろうと思う．

　筆者が自分自身幸運に思うのは，IRT研究がその萌芽期から革新的な時期に移る頃に大学院生としてシカゴ大学で勉強でき，そこでそれらについての世界的研究をリードしてきた先生方から直接の指導を受けることができたことだろう．それに現在この分野で重鎮として活躍している内外の研究者達とお互いに若い頃知り合うことができ，この分野での研究の発展をリアルタイムで経験できたことであろう．そして筆者の幸運は2002年アメリカのETSやACTでの研究職を辞し，東北大学に教授として移籍した後も依然続いている．

　日本に帰って間もなく，2003年に日本テスト学会が設立された．その設立に際して指導的役割を果たされた池田央先生とはアメリカ在住の頃から懇意にさせていただいた．先生のテスト学への情熱に多大に影響されながら，日本テスト学会のさまざまな活動に参加するようになった．先生の感化もあり，筆者自身のIRTの専門書を書き，その普及に努めたいと思い始めていた．その願いが現実となったきっかけをいただいたのは，本シリーズの編集長である聖路

加大学の柳井先生からであった．本著が完成したのは，遅筆である筆者を親身な激励で支え続けてくださった先生のおかげであると，深く感謝している．本著の原稿をお読みいただいて，先生から的確なコメントをいただいた．筆者の東北大学での学生であった秋山實氏，佐藤喜一氏，そして野上康子氏からも初期原稿についての意見をいただいた．本著の草稿を東北大学での IRT 関連の授業に使った．その際に得られた東北大学教育情報学教育部の学生からのコメントも有意義なものであった．それらのご意見のひとつひとつに深く感謝している．特に劉薈楓君にはいくつかのグラフの作成をお願いした．最後に，学会および顧問活動を通して，筆者の日本でのアカデミックな活動を支えていただいた教育測定研究所の林規生氏にも本著の完成とともに遅ればせながら感謝を表したい．本書の初期の原稿の一部は「人事試験研究」に掲載された．当時の編集担当森昭彦氏と丸山麻理子氏にも深く感謝する．

　本書は 8 章から成り立っている．第 1 章「測定尺度と基本統計理論」では，スティーブンス（Stevens）の心理尺度の 4 つのレベルに触れている．この尺度レベルの違いは心理測定の学徒にとっては必須の知識であると思う．変数の尺度レベルによって，用いられる統計処理は異なってくる．筆者は IRT モデルを尺度変換の試みとして捉えている．IRT と尺度変換との関連性に触れている．また以下の章の内容の理解のために必要な知識をこの章で扱っている．

　第 2 章「古典的テスト理論とテストの信頼性」では，古典的テスト理論における基本的公式からテストの信頼性係数を導き出す過程を重視して記述した．本書は現代テスト理論である IRT の専門書として著述されているが，古典的テスト理論についての知識は IRT 理解に欠かすことができないものと思う．それらの技術は依然テスト業界での分析に使用されているし，またこれからもすたれることはないと思う．

　第 3 章「1 次元 2 値 IRT モデル」では，現在正誤反応の分析に広く使われている 2 値 IRT モデルをラッシュ系とサーストン（Thurstone）系に分け紹介している．この分類方法は IRT モデルに対する基本的な違いを正確に反映していると思われる．2 つの系の違いは単に項目識別度パラメータの有無のみによるものではないことを強調して議論を進めている．

第4章「項目パラメータ推定法」では1次元2値IRTモデルの項目についてのパラメータの推定法のおもなものをあげている．ここでは ラッシュモデルのみに使われる条件付き最尤推定法から BILOG-MG などのテスト業界で広く使われている IRT プログラムに用いられている MML-EM アルゴリズムを含むさまざまな項目パラメータ推定方法について記述した．実際にもはや使われていない推定法にも触れたのはその知識が IRT の理解におおいに役立つと信じているからである．

　第5章「潜在能力値パラメータ推定法」では，第8章で紹介する BILOG-MG, PARSCALE, TESTFACT といった Scientific Software, International (SSI) から市販されている IRT 専門のソフトで計算可能な ML, MAP WML, EAP スコアについて述べている．

　第6章「拡張 IRT モデル」では部分採点モデル，多段階反応モデルなどの反応カテゴリーが2個以上のデータに用いられる多値反応モデルと潜在特性尺度を1次元と限定しない多次元モデルを紹介した．

　第7章に「尺度化と等化」を挿入した．筆者自身のアメリカの ETS での教育測定の専門家としての経験から IRT 応用において最重要な領域は尺度変換と等化であると思う．等化技術の応用はまた教育測定学の知識だけでなく，教育測定の専門家としての経験が試される領域でもある．尺度と等化は IRT 専門書には欠かすことができないトピックであると思う．

　第8章「SSI プログラム」では，SSI から市販されている BILOG-MG, PARSCALE, TESTFACT といった MML-EM アルゴリズムを用いた IRT 分析専門のソフトについて述べた．ここで取り上げることができなかった市販のソフトにもこれらのプログラムより使いやすいものがあるであろう．また，これらのプログラムのアウトプットでは得られない分析方法も他のプログラムでは可能である場合もあるであろう．本章でこれらの3つのプログラムを特別に選択した理由は，どのソフトもそのコーディングに筆者も携わることができ，その内容を熟知していることにある．それぞれのプログラムの使用に習熟するためには，各プログラムのマニュアルの内容を習得する必要がある．本章はプログラムマニュアルとして利用することはできない．しかしプログラムに慣れるためには簡単な分析をいくつか試し，それをより自分の固有な目的のた

めにプログラム設定を変えていくことを繰り返すことだと思う．これら3つのプログラムのための最も基本的な分析例をあげ，それについて説明を付加したのはそのためである．

　IRTそしてテスト学は新しい学問分野である．参考文献のリストを用意しながら，そういえばこれらの著者のほとんどの方に実際にお会いしたことがあると気付いた．この学問分野は実にそのような同時代人の研究活動によって発展してきた．筆者もこれからこの学問を支え発展させていくだろう若い学徒のみんなに，本書をとおして「同時代人」として貢献できることをこころから願っている．

　　2011年7月

村　木　英　治

目　　次

1. 測定尺度と基本統計理論 ·· 1
   1.1 測定尺度 ·· 1
   1.2 テストの素点 ·· 4
   1.3 記述統計量 ·· 6
     1.3.1 平　　均 ·· 6
     1.3.2 分散と標準偏差 ·· 8
   1.4 確率モデルと期待値 ·· 10
     1.4.1 離散型分布 ··10
     1.4.2 連続型分布 ··12
   1.5 パラメータ推定 ··15
     1.5.1 中心極限定理 ··15
     1.5.2 正規分布のパラメータ推定 ································16

2. 古典的テスト理論とテストの信頼性 ································19
   2.1 古典的テスト理論とテスト信頼性係数 ························19
   2.2 信頼性係数の推定方法：平行形式の場合 ····················23
   2.3 信頼性係数の推定方法：非平行形式の場合 ·················26
   2.4 クーダー・リチャードソンの公式とクロンバックのアルファ係数 ····28

3. 1次元2値 IRT モデル ···30
   3.1 ラッシュ系モデル ··30
   3.2 サーストン系 IRT モデル ······································41
   3.3 項目情報関数とテスト情報関数 ·······························50
   3.4 ラッシュ系 IRT モデルとサーストン系 IRT モデルとの比較 ·······52

4. 項目パラメータ推定法 ………………………………………………57
　4.1　PROX 推定法 ……………………………………………………57
　4.2　条件付き最尤推定法 ……………………………………………61
　4.3　同時最尤推定法 …………………………………………………65
　4.4　周辺最尤推定法 …………………………………………………71
　4.5　EM アルゴリズムを用いた周辺最尤推定法 …………………75

5. 潜在能力値パラメータ推定法 ………………………………………80
　5.1　ML 推定法 ………………………………………………………80
　5.2　MAP 推定法 ……………………………………………………82
　5.3　WML 推定法 ……………………………………………………84
　5.4　EAP 推定法 ……………………………………………………84

6. 拡張 IRT モデル ………………………………………………………86
　6.1　多値 IRT モデル …………………………………………………86
　　6.1.1　一般化部分採点モデル ……………………………………86
　　6.1.2　GPC モデルの MML-EM パラメータ推定 ………………90
　　6.1.3　名義反応モデル ……………………………………………92
　　6.1.4　多段階反応モデル …………………………………………93
　6.2　線形ロジスティックテストモデル ……………………………94
　6.3　多次元 IRT モデル ………………………………………………95

7. 尺度化と等化 …………………………………………………………102
　7.1　尺 度 化 …………………………………………………………102
　　7.1.1　素点の尺度化・標準化 ……………………………………102
　　7.1.2　IRT 尺 度 …………………………………………………105
　　7.1.3　古典的テスト理論尺度と IRT 尺度間の変換 ……………105
　7.2　等　　化 …………………………………………………………106
　　7.2.1　水平等化と垂直等化 ………………………………………106
　　7.2.2　等化のデザイン ……………………………………………107

地球環境が急速に変化しているいま、環境変動に対する生命の応答を研究し、
生物多様性を適切に保全するための、最先端の手法や考え方を学ぶ。

グローバル変動生物学

急速に変化する地球環境と生命

2024年10月刊行

- 豊富な図解や事例、写真やイラストを交え、基本概念や方法論を無理なく理解できる。
- 「基本知識」「データで見る」「発展」「考えてみよう」「まとめ」など読者の理解を深める構成。
- 学生の教科書としてはもちろん、環境問題に携わる

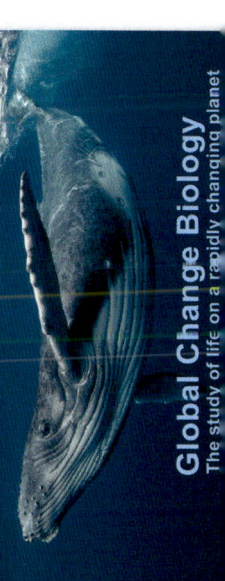

Global Change Biology
The study of life on a rapidly changing planet

- 研究者・行政・企業・団体関係者にも必携の一冊。
- 日本の読者に向け、国内の課題や取り組みをオリジナルコラムとして紹介。

原著者

エリカ・ブリー・ローゼンブラム（Erica Bree Rosenblum）著
カリフォルニア大学バークレー校教授。
専門はグローバル変動生物学，進化生態学，保全遺伝学．

監訳

宮下 直　東京大学大学院農学生命科学研究科教授［第1章］

訳者

宮下 直　東京大学大学院農学生命科学研究科教授［第1章］
深野 祐也　千葉大学大学院園芸学研究科准教授［第2, 3, 4, 7章］
安田仁奈　東京大学大学院農学生命科学研究科准教授［第5, 6, 8, 11章］
鈴木 牧　東京大学大学院新領域創成科学研究科准教授［第9, 10, 12章］

グローバル変動生物学
急速に変化する地球環境と生命

エリカ・B・ローゼンブラム［著］
宮下 直［監訳］　深野祐也・安田仁奈・鈴木 牧［訳］

定価13,200円（本体12,000円）　B5判／344ページ
ISBN：978-4-254-18064-0 C3045

「今、人間が地球上の生命をとりまく環境をどのように変化させ、多様な生物種がそれに対してどのように応答し、地球上の生物的な遺産を適切に保全するにはどうすればよいかを探ることが急務となっている。(……)本書は、グローバル変動生物学を包括的に紹介するとともに、変動する地球環境下で生物を研究し、保全するための最先端の手法や考え方に焦点を当てている。」(序より)

朝倉書店

7.2.3　IRT による等化 ……………………………………… 109

8.　SSI プログラム ……………………………………………… 114
　8.1　BILOG-MG ……………………………………………… 115
　8.2　PARSCALE ……………………………………………… 122
　8.3　TESTFACT ……………………………………………… 128

参考文献 …………………………………………………………… 135

索　引 ……………………………………………………………… 139

1

測定尺度と基本統計理論

1.1 測定尺度

　教育測定学で扱うデータの解析方法は，それに使われる測定尺度の水準によって制限されている．Stevens（1951）は数理的処理の水準の低いレベルの測定尺度から高い水準の尺度まで，次の4つのレベルを提案した：

1) 名義尺度

　名義尺度（nominal scale）は最もレベルの低い尺度であり，名目尺度，分類尺度，カテゴリー尺度とも呼ばれている．名義尺度のデータは，被験者に対して分類したい事物を個別のカテゴリーに区分する判断を要求して得られる．この尺度で得られたデータにおいて許される数的処理は，主にそれぞれのカテゴリーに該当する事物の数をカウントする操作である．すなわち，このレベルの数値において加減乗除のいずれの演算もできない．

　名義尺度のデータの例として，電話番号，野球選手の背番号などがあげられる．心理測定などで使われる名義尺度データとしては，質問紙法で得られる被験者の性別や職業，あるいは居住地域などがあげられる．テストの場面において，採点評価される以前の反応データは名義尺度である．たとえば多肢選択形式の質問に対して選ばれた選択肢の番号は，それについての正誤評価がまだなされていないゆえに名義尺度データにとどまっている．

2) 順序尺度

　順序尺度（ordinal scale）は序数尺度とも呼ばれている．対象の事物を個別のカテゴリーに区分する作業は名義尺度の尺度化と同じである．そして，その

カテゴリーになんらかの順序がついている場合，その観測値データは順序尺度を形成する．順序尺度データにおいては，大小の比較を行い，不等号で観測値の関係を表すことはできても，それらを加減乗除することはできない．したがってそれらのデータを基に平均や分散を求めることは無意味である．

　鉱物の硬度やさまざまな対象の順位を基に行われた評価など，順番で表されたものは順序尺度データにあたる．学業成績の順位などは教育測定に関連した測度の典型であるが，これに関連した順位変数の算術平均（arithmetic mean）などがよく計算される．しかし，それは無意味な統計値である．また質問紙法でよく使われる「とてもよく当てはまる」から「まったく当てはまらない」までの5段階評定を被験者に要求するリッカート法（Likert method）も順序尺度の典型である．この場合，隣り合ったリッカート尺度（Likert scaling）の評点間の心理的な距離，あるいは差はすべての段階にわたって同一であるとは限らない．

　テスト関係でいえば，テストの採点は名義尺度の応答データを順序尺度に変換する作業であるともいえる．つまり厳密にいえば，正誤判定が行われた被験者のテスト項目応答は順序尺度の変数である．したがって，成績順位と同じく質問紙法の応答の平均値を求めそれによって比較することはよく行われているけれども，それは素点尺度のどの位置においても，1点増加の心理的意味が等しいという前提がなければならない．その前提は後に述べるように，厳密にいえば問題がある．

3) 間隔尺度

　間隔尺度（interval scale）は距離尺度とも呼ばれている．間隔尺度と順序尺度の違いは，間隔尺度で使われる数値の心理的間隔はすべて一定であるという前提がなされているということである．つまり間隔尺度に単位というものが付随し，その単位は尺度上のどこにおいても一定である．しかし，この尺度に絶対的な原点はない．つまり，間隔尺度で求められた観測値の間で加算・減算はできるけれども，乗算・除算はできない．したがって，この尺度の次元になってはじめて，やっと平均値を算出することには意味が出てくる．しかし，比を求めて比較することには依然意味がない．

　摂氏などの温度，年号などが間隔尺度の例としてよくあげられる．確かにそ

の尺度には温度零度とか西暦0年とかの原点らしきものが存在している．しかしこれは任意に決められているもので特別で絶対的な意味はない．教育測定においても，たとえばテストにおける総合得点あるいは素点は間隔尺度値であるとみなすことができる．100点満点のテストで70点と80点の差の10点は10点と20点の差と同一の学力差を表しているとする前提である．しかし，この場合においても0点は学力がまったくない状態であることを意味しない．この意味において素点の尺度には，絶対的な原点は存在しない．言い換えると，0点は暫定的に設定された特異点であるにすぎない．したがって30点と60点との比率と5点と10点との比率はどちらも等しく0.5だが，その数的処理や比較になんらの正当な意味をもたせることはできない．

一方，テスト総合得点あるいは素点自体は間隔尺度を形成できないとみなす立場をとることもできる．0点から20点に得点を上げるために必要な学力は80点から100点に引き上げる学力と同等とはいえないかもしれない．つまりこの1点という素点における単位が尺度のどの位置においても心理学的に同一とは限らないとみることもできる．50点から1点多くとる学力は，99点とれる学生が100点満点をとる学力の差とは異なるかもしれない．特にその最後の1点が，その学年にとってかなり難問であるならば，素点の尺度の単位はもちろん均等ではなくなる．この場合，テストで得られるこの素点データは，順序尺度の水準にとどまるとみなされる．項目によって正解と不正解の距離，つまり個々の問題の難易度が異なり，その項目の難易度を等間隔に並べることができない．素点尺度の1点ずつの目盛が均等でない．この素点データに後に詳しく述べる項目反応理論（item response theory, IRT）モデルの解析手法を応用することは，正誤反応という順序尺度で得られたデータから，学力についての間隔尺度を形成する作業であるともいえる．

4) 比率尺度

比率尺度（ratio scale）あるいは比尺度は比例尺度とも呼ばれている．この尺度において隣接する数値間はすべて等間隔であり，かつ絶対原点のゼロが存在する．平均値を算出することはもちろん，間隔と比についても分析することができる．

体重，身長などの物理的な変数のほとんどが比率尺度データである．しかし

教育測定や心理学で扱われるデータの中で比率尺度を構成できるものはほとんどないといってもいい．絶対的な学力ゼロや知能ゼロという状態はありえないし，またそれらの変数は直接には観測できないケースが多い．そのような間隔尺度データなどの比率尺度より低次な心理学的変数を，物理量などの比率尺度データのように扱うことは慎重に行わなければならない．Stevens（1951）の尺度の分類とその水準に関する議論は，それぞれの尺度の演算における限界を明らかにし，それに応じた統計処理を行うために，分析者はいつも自らに問いかけねばならない．尺度上無意味な統計処理方法で行われた後に下される研究の結論は，もちろん科学的に信憑性をもたない．

　テスト関係で得られる比率尺度のデータの中で，個々のテスト項目に要した反応時間の変数がある．ペーパー版テストで計測しにくいこのような反応時間データもコンピュータを用いたテストの場面では収集が容易になる．時間で測られる観測値は比率尺度データである．テスト項目の回答に費やした時間のパラメータをもつ IRT モデルも開発されてきている．この種のテスト項目についての比率尺度データの解析方法の研究はすでに始まっている．

　より高次の尺度はそれより低次の尺度の性質を含む．したがってその尺度が比率尺度であれば，それはすでに間隔尺度として取り扱える．しかしすべての観測値を比率尺度値として取り扱えるようにすべきであるとは思わない．それぞれの変量はそれについての独自な観測目的をもって収集されている．ただ，それらの数値の尺度レベルにかかわる分析の限界を理解することが大切である．実際，教育学や心理学の分野で有効な数値は間隔尺度値で十分な場合が多い．

1.2　テストの素点

　項目得点は，テスト項目に対する被験者の回答の違いをあらかじめ定めたルールに従い採点して得られる数値である．もし受験者 i ($i=1,2,...,N$) の項目 j ($j=1,2,...,n$) に対する回答が，その正誤のみで判定され採点された場合，その項目得点は 2 値変数 u_{ij} となる（正答ならば $u_{ij}=1$，誤答ならば $u_{ij}=0$）．それら 2 値項目得点を合計したものを受験者 i の素点 t_i：

表1.1 項目得点,素点,平均項目得点

		テスト項目					素点
		1	2	⋯	j	⋯	n	
受験者	1	u_{11}	u_{12}	⋯	u_{1j}	⋯	u_{1n}	t_1
	2	u_{21}	u_{22}	⋯	u_{2j}	⋯	u_2	t_2
	⋮	⋯	⋯	⋯	⋯	⋯	⋯	⋯
	i	u_{i1}	u_{i2}	⋯	u_{ij}	⋯	u_{in}	t_i
	⋮	⋯	⋯	⋯	⋯	⋯	⋯	
	N	u_{N1}	u_{N2}	⋯	u_{Nj}	⋯	u_{Nn}	t_N
合計		s_1	s_2	⋯	s_j	⋯	s_n	
平均		h_1	h_2	⋯	h_j	⋯	h_n	

$$t_i = \sum_{j=1}^{n} u_{ij} \tag{1.1}$$

と呼ぶ.

項目得点 u_{ij} を項目ごとに合計した項目合計点 s_j を受験者数 N で割ると,項目 j の平均項目得点 h_j:

$$h_j = \frac{\sum_{i=1}^{N} u_{ij}}{N} = \frac{s_j}{N} \tag{1.2}$$

が算出される.項目得点が正誤得点である場合,平均項目得点は項目の通過率と一致する(表1.1).

すでに指摘したとおり,採点評価される以前の項目反応データは名義尺度データであり,項目応答に対する正誤評価は,この名義尺度データから順序尺度データへの変換作業であるといえる.そして順序尺度データである項目得点を被験者ごとに合計した素点もやはり順序尺度データである.確かに80点をとった受験者は,40点の受験者よりそのテストが測っている学力において,能力が高いとはいえる.しかし0〜100点の尺度における1点という単位が,どの得点領域においても単一の学力の差を表しているわけではない.素点という順序尺度上,80点と90点の間の差と,20点と30点の間の差が,等しい学力の違いであると判断できるかは疑問である.それに項目ごとにその難易度が違うことも素点が間隔尺度の条件を満たしているとはいいがたい理由である.しかし現実では受験者集団の素点平均を求めることがよく行われている.厳密にいうと,素点データの算術平均は,それが順序尺度データにとどまっているゆ

えに，妥当な統計処理ではない．算術平均という統計処理はデータが間隔尺度であるという前提が必要なのである．

　素点を間隔尺度データとして扱うことの合意がなされても，その尺度に0点から100点というような下限と上限があることがもう一つの問題となる．素点尺度はある被験者の素点が0点であったとしても，それはテスト項目すべてがその被験者にとって難しすぎただけのことである．反対に100点をとった被験者が，たとえば200点満点のテストでは101点しかとれないかもしれないし，199点もとれるかもしれない．

　素点を偏差値に換算して比較することもよく行われている．偏差値（z得点）尺度には，なるほど上限と下限がない（$-\infty < z < \infty$）．しかし異なったテストを受けている複数の集団間での偏差値を用いた比較は行うことはできない．独立に構成された偏差値尺度は，原則的に各尺度上で完結しているのである．

1.3　記述統計量

基礎的記述統計量として平均と分散について触れることにする．

1.3.1　平　　均

観測値が少なくとも間隔尺度の水準を保持しているなら，分布の代表値として最も多く使用される平均値（mean value）を算出できる．平均値としては算術平均，幾何平均（geometric mean），そして調和平均（harmonic mean）がある．しかし幾何平均や調和平均を算出するためには，データが比率尺度の条件を満足していなければならない．素点はせいぜい間隔尺度として取り扱うことが限度の変量であるから，その幾何平均値や調和平均値を求めることはできない．

　算術平均 $\bar{x}$ は相加平均とも呼ばれ，平均値として最もよく使われている．ここに N 個の観測値 x_i（$i=1, 2, ..., N$）があると，このデータの算術平均 $\bar{x}$ は次のように計算される：

$$\bar{x} = \frac{1}{N}\sum_{i=1}^{N} x_i \qquad (1.3)$$

もしそれぞれの観測値に重み w_i がついている場合,次のように重み付け算術平均あるいは加重平均(weighted arithmetic mean)を求めることができる:

$$\bar{x} = \frac{\sum_{i=1}^{N} w_i x_i}{\sum_{i=1}^{N} w_i} \qquad (1.4)$$

重み w_i は度数であるとは限らない.もし重みが度数であれば,$\sum_{i=1}^{N} w_i$ は総度数となる.

代表値として,平均値のほかに最頻値(mode)M_o,あるいは中央値(median)Mdn を求めたり,またその分布によって平均値よりそれらの代表値を算出した方が適している場合がある.最頻値とはデータの度数が最も大きいカテゴリーをいう.また中央値は中間値あるいは中位値である.尺度のレベルによって,名義尺度の変量なら最頻値より上のレベルの代表値,順序尺度の変量なら中央値より上のレベルの代表値を求めることはできない.もし素点を間隔尺度の変量とみなすなら,これらの3つの代表値を算出することができる.それぞれの平均値を算出することで,そのデータ特有の特徴を指摘することができる.

算術平均 $\bar{x}$ とそのほかの代表値との関係については,分布が正に歪んでいる(右に分布の裾がのびている)とき,$\bar{x}$ よりも M_o や Mdn は小さく,負に歪んでいるとき,$\bar{x}$ よりも M_o や Mdn は大きい.このように算術平均は分布の裾がのびている方に引きずられる傾向がある.この点,中央値は比較的安定している.これが分布の歪度(skewness)が0から逸脱している場合に中央値が用いられる理由である.また経験的には,中程度に歪んだ分布に対して,次のような近似的な関係があることが知られている:

$$\bar{x} - Mdn = \frac{\bar{x} - M_o}{3} \qquad (1.5)$$

もし分布が対称で単峰(unimodal)であれば,M_o, Mdn,そして $\bar{x}$ の3つの値は一致する.

1.3.2 分散と標準偏差

代表値が観測値分布の中心的位置を表す測度であるとすれば，分散，そしてその平方根値である標準偏差（standard deviation）は，そのデータ分布の代表値からの隔たりに関する測度である．データセットの分布の各値が平均値のまわりに凝集していれば分散の値は小さく，拡散していればその値は大きくなる．

ここに N 個の観測値，$x=[x_1, x_2, ..., x_N]$ が与えられているとする．このデータセットの分散を s_x^2 あるいは単に s^2 と表すことにする．分散 s_x^2 は次の公式で計算される：

$$s_x^2 = s^2 \\ = \frac{1}{N}\{(x_1-\bar{x})^2+(x_2-\bar{x})^2+...+(x_N-\bar{x})^2\} \\ = \frac{1}{N}\sum_{i=1}^{N}(x_i-\bar{x})^2 \tag{1.6}$$

標準偏差 s_x は分散 s_x^2 の正の平方根である：

$$s_x = \sqrt{s_x^2} = \sqrt{\frac{1}{N}\sum_{i=1}^{N}(x_i-\bar{x})^2} \tag{1.7}$$

データは度数分布表でまとめられている場合がよくある．もし N 階級のうちの i 番目 ($i=1, 2, ..., N$) の測定値 x_i の度数が f_i であるとしたら，分散 s_x^2 は次のように計算できる：

$$s_x^2 = s^2 = \frac{1}{F}\sum_{i=1}^{N}f_i(x_i-\bar{x})^2 \tag{1.8}$$

この式における F は各測定値の度数の合計数

$$F = \sum_{i=1}^{N}f_i \tag{1.9}$$

である．また各度数 f_i をそれぞれに対応する確率 $p_i(=f_i/F)$ で表せば，分散の公式は

$$s_x^2 = s^2 = \sum_{i=1}^{N}p_i(x_i-\bar{x})^2 \tag{1.10}$$

とも表せる．この場合

1.3 記述統計量

$$\sum_{i=1}^{N} p_i = 1 \tag{1.11}$$

となるのはもちろんである．

分散の算出公式に算術平均が含まれているということは，分散を計算する際に前もって平均値を算出しておかねばならないということである．これは観測値のすべてを二度も計算の対象としなければならないということである．この場合，計算の手間がかかるだけでなく，そのデータセットが大量の観測値を含む際には，平均値を各観測値から引き，それを2乗し，かつ足していくたびに計算誤差が増えていくことになる．観測値の分布から平均を計算しておかなくとも分散を求めることができる次の公式がよく使われている：

$$s_x^2 = \sum_{i=1}^{N} p_i(x_i - \bar{x})^2 = \sum_{i=1}^{N} p_i(x_i^2 - 2\bar{x}x_i + \bar{x}^2) = \sum_{i=1}^{n} p_i x_i^2 - \bar{x}^2 \tag{1.12}$$

なぜなら

$$\bar{x} = \sum_{i=1}^{N} p_i x_i \tag{1.13}$$

であるからで，この公式により，各観測値をそのままの合計とそれらの2乗値の合計を別個に計算することで分散を求めることができる．

分散は分布の散布度に関する計測値である．ということは分布を平行移動してもその値は変わらないということである．各測定値から一定の値 B を引いた値を基に計算した分散はもとの x の値の分散に等しい．さらにそれらの観測値の尺度を一定の値 A で伸縮させたら，その定数で変換された変数 $y = (Ax - B)$ の分散 s_y^2 は

$$\begin{aligned} s_y^2 &= \sum_{i=1}^{N} p_i(y_i - \bar{y})^2 \\ &= \sum_{i=1}^{N} p_i[Ax_i - B - (A\bar{x} - B)]^2 \\ &= A^2\left(\sum_{i=1}^{N} p_i x_i^2 - \bar{x}^2\right) \\ &= A^2 s_x^2 \end{aligned} \tag{1.14}$$

であり，それは変換前の観測値 **x** の分散 s_x^2 の A^2 倍である．上記の公式は，データにおける観測値のサイズが一様に大きいか小さい場合，オリジナルな値

を用いて分散を計算するより，それらを変換して計算する方が簡単である場合に便利である．

これまで述べてきたことは，標本データについての記述統計（descriptive statistics）を用いた分析手法に分類される．次に期待値（expectation）という統計学の概念を導入しながら，これまで述べてきた平均（mean），分散（variance），そして標準偏差などの標本統計値について，推測統計（inferential statistics）の立場から触れていきたいと思う．

1.4 確率モデルと期待値

1.4.1 離散型分布

確率モデルは観察可能な結果のそれぞれが，いかなる確率で発生するかを表す．たとえばサイコロは6面体である．サイコロのどの面にも重さにおいて歪みがないならば，それを1回投げて出る目は $\Omega=\{1,2,3,4,5,6\}$ のどれかであり，それぞれの目は等しい確率，$P(\{1\})=P(\{2\})=…=P(\{6\})=1/6$，で発生するはずである．これがサイコロ1個を投げるという実験（あるいは試み）における出る目について考えられる確率モデルの一例である．たとえば，$P(\{偶数の目\})=P(\{奇数の目\})=1/2$ もやはりサイコロ投げの実験についてのもう一つの確率モデルである．実際，2^6 の組み合わせ，あるいは違ったモデルが考えられる．

実験においての可能な結果の全体を標本空間（sample space）Ω と呼び，結果のそれぞれに付与された確率をまとめて，確率分布と呼ぶ．したがってサイコロの1個投げ実験の標本空間は先に記したように $\Omega=\{1,2,3,4,5,6\}$ であり，確率分布はその区間を1〜6とする長方形分布，あるいは一様分布となる．またサイコロの目の数のように確率がそれらの値に対応し分布している変数を確率変数と呼び，通常 X で表す．

確率変数 X が可算（自然数と対応しながら数えられる）である場合，その分布を離散型分布（discrete distribution）と呼ぶ．サイコロの1個投げの実験における確率分布は，したがって離散型一様分布であり，しかもその標本空間における要素の数が6個しかなく有限である．先にこの確率変数 X の確率分

布は一様分布であると述べたが，これは理想化されたサイコロについての理論上における分布である．現実のサイコロを実際に600回投げて，それぞれの目の数が一様にきっかり100回ずつ出現するなどという結果は起こりえないことではないが，極めて珍しいことに違いない．このように実験によって得られる現実の標本（sample）の分布はでこぼこになるのが自然である．

標本抽出の母体となる統計的集団を母集団（population）という．サイコロ1個投げのようにその理想化された分布が理論上想定できる場合は少ない．むしろ実際は母集団の分布が未知で，そこから抽出した標本データで母集団分布のさまざまな特徴を推定するのが普通である．このように母集団の存在を設定し，この母集団から無作為（random）に抽出された標本（これを無作為標本と呼ぶ）に基づいて，母集団についての理論的推測を行うことを研究する統計学の一部門を推測統計学と呼び，これまで述べてきたデータの要約や記述を目的とする記述統計学とは区別されている．実際，記述統計学についての議論においては，推測統計学で使われている"母集団"という概念は必要としない．

確率変数 X が離散型分布をするとき，その離散値 x_i に対する確率は

$$\begin{aligned}f_i &= f(x_i) \\ &\equiv P(X=x_i) \\ &= P(\{\omega : X(\omega)=x_i\}) \quad i=1,2,\dots\end{aligned} \tag{1.15}$$

と表される．上記の式における f を確率関数（probability function），あるいは重み関数（weight function または mass function）と呼ぶ．また ω は標本空間 Ω の要素（$\omega \in \Omega$）であり，ここでは確率変数（random variable）X をその集合空間に各 ω に対応する関数として理解している．たとえば小学生を要素とする標本空間 Ω がある．その集合の要素である各小学生 ω について，たとえば各自についてのテスト得点あるいは身長 x_i について確率分布が考えられる．確率変数 X はこの場合，各児童にそのテスト得点あるいは身長などの実数値を対応させる関数である．それが上式における $X(\omega)=x_i$ の意味である．

離散型確率関数 f は次の3つの性質を満たす：

1. $f(x) \geq 0$
2. $\sum_{i=1}^{\infty} f(x_i) = 1$

3. $F(x)=\sum_{(i:x_i\leq x)} f(x_i)$ は分布関数（distribution function）と呼ばれる．

有限離散型確率関数の場合は，i の上限は，もちろんある有限な自然数である．

離散型確率変数における期待値あるいは平均は

$$E(X)=\sum_{i=1}^{\infty} x_i f(x_i) \tag{1.16}$$

そして分散は

$$V(X)=E((x_i-E(X))^2) \tag{1.17}$$

である．

1.4.2 連続型分布

身長や体重など連続した数値をとりうると考えられる変数を連続変数（continuous variable）という．もしその変数が確率的に分布しているならば，そこに想定される母集団を連続型母集団といい，その分布を連続型確率分布と呼ぶ．テスト得点はとびとびの値をとるために，テスト得点を離散型変数としてみなすケースは多いが，これを連続変数として取り扱うこともできる．尺度に関する前提によって，その数値に関する統計的処理が異なる場合が出てくるから，テスト理論を含む心理学において，観測値をどのような尺度値として捉えているかに注意して議論を進めていくことは大切である．

連続型確率関数 f は次の3つの性質を満たす：

1. $f(x) \geq 0$
2. $\int_{-\infty}^{\infty} f(x)dx = 1$
3. $F(x) = \int_{-\infty}^{x} f(y)dy$ を分布関数と呼ぶ．

分布関数 $F(x)$ が微分可能であるとき，その導関数 $f(x)=dF(x)/dx$ を X の密度関数（density function）という．連続型確率変数 X がある特定の値 x をとる点に対応する確率はゼロ，$P(X=x)=0$，である．連続型確率分布と密度関数

1.4 確率モデルと期待値

との関係は

$$P(X \in dx) = f(x)dx \tag{1.18}$$

と表される．

連続型確率変数における期待値あるいは平均は

$$E(X) = \int_{-\infty}^{\infty} xf(x)dx \tag{1.19}$$

であり，そして分散は

$$V(X) = \int_{-\infty}^{\infty} [x - E(X)]^2 f(x)dx \tag{1.20}$$

もし確率変数 X ではなく，一般の関数 $h(x)$ の平均を求めたいならば，離散型では

$$E[h(X)] = \sum_{i=1}^{\infty} h(x_i) f(x_i) \tag{1.21}$$

連続型では

$$E[h(X)] = \int_{-\infty}^{\infty} h(x) f(x) dx \tag{1.22}$$

と計算できる．

統計学では平均を μ，分散を σ^2 で表すことが多い．確率変数からその平均を引いた値 $X - \mu$ を偏差（deviation）といい，分散の平方根 $\sigma = \sqrt{V(X)}$ を標準偏差という．

統計学では，分布に関して，その確率変数 X の積率またはモーメント（moment）を考える．X の k 次モーメント（$k=1, 2, ...$）は次のように定義される：

$$\mu_k = E[(X - A)^k] \tag{1.23}$$

もし上式で $A = 0$ ならば，原点まわりの k 次モーメントと呼び，もし $A = \mu$ ならば平均まわりの k 次モーメントと呼ぶ．したがって，平均は原点まわりの 1 次モーメントであり，分散は平均まわりの 2 次モーメントであるともいえるし，また 1 次モーメント μ は重心であり，重心まわりの 2 次モーメント σ^2 は慣性であるともいえる．

期待値 E を作用素（operator）とみなすこともある．この作用素は次の性質が成り立つ：
1. 定数 C に対して，$E(C)=C$
2. 確率変数の 2 つの関数 $h(X)$ と $l(X)$，そして定数 A と B に対して，線形性が保たれる．すなわち

$$E[Ah(X)+Bl(X)]=AE[h(X)]+BE[l(X)] \tag{1.24}$$

これらの線形性を用いれば，これまで紹介した分散の簡便計算式は簡単に導くことができる：

$$\begin{aligned} V(X) &= E[(X-\mu)^2] \\ &= E(X^2-2\mu X+\mu^2) \\ &= E(X^2)-2\mu E(X)+\mu^2 \\ &= E(X^2)-[E(X)]^2 \end{aligned} \tag{1.25}$$

これを分散公式（variance formula）と呼び，分散分析（analysis of variance）において頻繁に使われる．また，確率変数の 1 次変換 $Y=A+BX$ の平均と分散は，同じく次のように表すことができる：

$$\begin{aligned} E(Y) &= E(A+BX) \\ &= A+BE(X) \end{aligned} \tag{1.26}$$

$$\begin{aligned} V(Y) &= E[(A+BX)-(A+BE(X))]^2 \\ &= B^2 E[(X-E(X))^2] \\ &= B^2 V(X) \end{aligned} \tag{1.27}$$

確率変数 X からその平均 μ を引き，標準偏差 σ で割るという変換を標準変換（standard transformation）あるいは z-変換（z-transformation）という．X を標準変換した変数を Z とする：

$$Z=\frac{X-\mu}{\sigma} \tag{1.28}$$

前述した期待値の作用素としての性質を用いれば，Z の平均は $E(Z)=0$，分散は $V(Z)=1$ であることが容易に導き出される．この意味で標準化された確率変数 Z は無単位である．

1.5 パラメータ推定

1.5.1 中心極限定理

テスト理論において，IQなどの能力，あるいは身長など，遺伝や環境の相互影響などの複雑な原因で生ずる変数の分布はよく正規分布に従う．それに正規分布は推測統計学に最もよく使われる連続型分布である．その理由は統計学における最も基本的な定理である中心極限定理にある：

定理（中心極限定理）

$x_1, x_2, ..., x_N$ が独立に同一の分布に従い，$E(x_i)=\mu$，$V(x_i)=\sigma^2 (i=1, 2, ..., N)$ であるとする．このとき，十分大きな N に対して，$\bar{x}=(1/N)\sum_{i=1}^{N} x_i$ は正規分布 $N(\mu, \sigma^2/n)$ に近似的に従う．

この定理は，母集団分布が正規分布でなくても，十分多くのデータ（標本）から得られる平均 $\bar{x}$ は近似的に正規分布に従うことを意味している．

統計学のもう一つの基本的定理に大数の法則がある：

定理（大数の法則）

$x_1, x_2, ..., x_N$ が独立に同一の分布に従い，$E(x_i)=\mu$，$V(x_i)=\sigma^2 (i=1, 2, ..., N)$ であるとする．このとき，サンプルサイズ N を大きくすれば標本平均 $\bar{x}=(1/N)\sum_{i=1}^{N} x_i$ は母平均 μ に収束する．

大数の法則とは，サンプルサイズ N が大きくなれば推定量の精度がどんどんよくなるということである．平均 $\bar{x}$ の期待値と分散は $E(\bar{x})=\mu$，$V(\bar{x})=\sigma^2/N$ だから，N を大きくしていけば $\bar{x}$ の分散は 0 に近づき，$\bar{x}$ はその期待値 μ に近づく．

中心極限定理と大数の法則に基づき，正規分布を用いて行う推定方法については後に述べていくつもりであるが，正規分布が推測統計学においてよく議論されるのは，母数推定方法が，これら2つの基本的定理に大きくよっているからである．ここではこの正規分布の母数の推定について紹介していく．

1.5.2　正規分布のパラメータ推定

正規分布の密度関数は

$$f(x;\mu,\sigma^2) = \frac{1}{\sqrt{2\pi}\sigma}\exp\left[-\frac{(x-\mu)^2}{2\sigma^2}\right] \tag{1.29}$$

$$-\infty < x < \infty, \ -\infty < \mu < \infty, \ \sigma > 0$$

と定義され，$N(\mu,\sigma^2)$ と表される．図 1.1 には標準正規分布をプロットした．ここにおける μ と σ^2 を正規分布の母数あるいはパラメータ（parameter）と呼ぶ．パラメータとは，母集団分布の特徴を示す数値で，正規分布の場合，μ と σ^2 が決定されればその母集団分布の特徴のすべてが把握できるということである．実際，正規分布に従う母集団分布の中心位置を表す母数が母平均 μ であり，ばらつき具合を表す母数が母標準偏差 σ であるが，ここまで述べてきた期待値の議論に沿って，この正規分布 $N(\mu,\sigma^2)$ の平均と分散をあらためて求めてみることにする．期待値の定義に忠実に当てはめると，次の式が導かれる：

$$\begin{aligned}
E(X) &= \int_{-\infty}^{\infty} \frac{x}{\sqrt{2\pi}\sigma}\exp\left[-\frac{(x-\mu)^2}{2\sigma^2}\right]dx \\
&= \int_{-\infty}^{\infty} \frac{\mu+\sigma z}{\sqrt{2\pi}}\exp\left(-\frac{z^2}{2}\right)dz \\
&= \mu + \sigma \int_{-\infty}^{\infty} \frac{z}{\sqrt{2\pi}}\exp\left(-\frac{z^2}{2}\right)dz \\
&= \mu
\end{aligned} \tag{1.30}$$

$$\begin{aligned}
V(X) &= \int_{-\infty}^{\infty} \frac{(x-\mu)^2}{\sqrt{2\pi}\sigma}\exp\left[-\frac{(x-\mu)^2}{2\sigma^2}\right]dx \\
&= \int_{-\infty}^{\infty} \frac{\sigma^2 z^2}{\sqrt{2\pi}}\exp\left(-\frac{z^2}{2}\right)dz \\
&= \frac{\sigma^2}{\sqrt{2\pi}} \times \sqrt{2\pi} \\
&= \sigma^2
\end{aligned} \tag{1.31}$$

したがって正規分布の平均 $E(X)$ と分散 $V(X)$ はそれぞれ正規分布のパラメータである母平均 μ と母分散 σ^2 と一致する．図 1.1 に 3 つの正規分布のグラフ

1.5 パラメータ推定

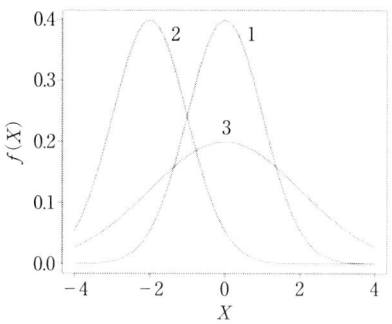

図 1.1 正規分布 3 例

表 1.2 正規分布の 3 例のパラメータ値

正規分布	μ	σ
1	0.0	1.0
2	−2.0	1.0
3	0.0	2.0

の例をあげた．それぞれのパラメータ μ と σ は表 1.2 に記した．

しかしこれらの母数値は通常未知であり，推測統計学では母集団からランダムに N 個の標本データをとってきてこれらを推定する作業を行う．この作業の後に得られた数値が母数の推定値 $\hat{\mu}$ と $\hat{\sigma}$ である：

$$\hat{\mu} = \bar{x} = \frac{\sum\limits_{i=1}^{N} x_i}{N} \tag{1.32}$$

$$\hat{\sigma} = s = \sqrt{\frac{\sum\limits_{i=1}^{N} (x_i - \bar{x})^2}{N-1}} \tag{1.33}$$

標本データを基に計算される $\bar{x}$ や s を統計量と呼ぶ．

先に紹介した標準偏差の式と上式は少し違う．標本分散の計算に N で割らずに $N-1$ で割っている．これは自由度と関連する．平均値の計算の場合，N 個の独立した情報がデータに含まれている．したがってこれらを足して算出された全情報を N で割って平均化している．それに対して分散の場合，分子にある平方和 $S = \sum\limits_{i=1}^{N} (x_i - \bar{x})^2$ には N 個の独立した情報は含まれていない．平均からの偏差を求めているため，1 自由度を失っているのである．たとえば平方

和 S を構成している 2 乗する前の平均からの偏差を N 個足してみる：

$$\sum_{i=1}^{N}(x_i-\bar{x})=\sum_{i=1}^{N}x_i-N\bar{x}=0 \tag{1.34}$$

つまり上式は，$(N-1)$ 個の $x_i-\bar{x}$ の値が定まれば，残り 1 つの値は自動的に定まるということを示している．平方和 S に含まれる独立した情報は N 個でなく $N-1$ 個であるから，分散を求める際に $N-1$ で割るのが適切なのである．これを平方和 S は自由度 $N-1$ の指標をもっているという．記述統計学においては，データの数 N が大きくなれば，N で割ろうが $N-1$ で割ろうがさほど分散の数値に関して影響はない．どちらも分布の散らばり具合をよく表している．しかしデータから得られた分散や標準偏差の数値を母集団のパラメータの推定値として議論する場合，つまり推測統計学において議論する場合，$N-1$ で割ることを推奨したい．なぜなら

$$\begin{aligned}
E\left(\frac{S}{n}\right)&=E\left(\frac{n-1}{n}\times\frac{S}{n-1}\right)\\
&=\frac{n-1}{n}E\left(\frac{S}{n-1}\right)\\
&=\frac{n-1}{n}\sigma^2\\
&<\sigma^2
\end{aligned} \tag{1.35}$$

となり，平方和をデータ数 n で割ると母分散の過小推定となってしまうからである．

　統計値は未知のパラメータを推定するために観測値を基に計算されるものである．統計量が母数と完全一致することなどほとんどありえない．統計量は母数のあくまでも推定値であるから，いつも誤差を含んでいる．統計のテキストで母数についての議論をしているのか，あるいは推定値についての議論をしているのか注意深く読むことが，統計学の学習にはとても大切なことである．そして，推定値の誤差についての認識を常にもちながら，統計値を理解し解釈することはテストデータ分析等に携わる専門家にとっても特に必要なことであると思う．

2

古典的テスト理論とテストの信頼性

2.1 古典的テスト理論とテスト信頼性係数

　古典的テスト理論は統計学的ランダムネスの概念を基盤に成立している．その古典的テスト理論はテストの信頼性についての理論の発展に大きく貢献している．

　テストの信頼性は，そのテスト結果の正確性を表す概念である．たとえば同一テストを用いた場合でも，被験者の身体的および心理的条件によってその結果はテストのたびごとに異なる．またそのテストが客観テストでなく，評価者の主観が採点結果に含まれるときなどは，種々の評定者の心理的要因によってテスト結果が左右される．このような受験者の得点に影響を与えるさまざまな要因のランダムな効果を総合したものを測定誤差（measurement error）と呼ぶ．測定誤差の派生する源泉は人間的要素のみに限らない．測定誤差は被験者の受験環境から派生することもある．たまたま受験時に座った机に不備があるかもしれないし，また受験者の試験場での物理的な位置か心埋的に影響することもある．あるいは，もし測定手続きに道具を使用する必要がある場合，その道具の状態が誤差の原因になるかもしれない．このようなコントロールが不可能で予期できない状態で，確率的なプロセスから生じる変数をランダム変数という．測定誤差はしたがってランダム変数である．

　テスト得点を含むあらゆる心理測定値は例外的な場合を除いて，上記のようなランダムな誤差を含んでいる．古典的テスト理論において，被験者pのテスト得点x_pは変動しない真値成分τ_pと測定誤差e_pが加算されたものとみな

される．すなわち

$$x_p = \tau_p + e_p \tag{2.1}$$

（2.1）式は古典的テスト理論における信頼性の最も基本となる式である．これから述べる信頼性のさまざまな公式はこの基本式から導き出される．しかしこの式の左辺は右辺の定義であり，いわゆる重複（tautology）である．したがって（2.1）式で表されている右辺と左辺の関係は数学的に証明することができないし，実験的にも確かめることができない．前提として受け入れる以外にない公式である．

個人 p 独自のランダム変数を大文字で表すと，次のような関係を表すことができる：

$$\begin{aligned}\varepsilon(X_p) &= \tau_p \\ \varepsilon(E_p) &= 0\end{aligned} \tag{2.2}$$

被験者 p の測定された結果得られた総得点 x_p は真値 τ_p と誤差 e_p を含む．そしてその繰り返しの測定値の平均は，再施行ごとに得られた測定値の数が増えるに従い，真値 τ_p に近づいていく．言い換えれば，ランダム変数 X_p と E_p の実現値はそれぞれ x_p と e_p であり，それらランダム変数の期待値は τ_p であり 0 である．測定誤差 E_p は分布するから，当然，測定値 X_p も分布する．その測定値の分布のパラメータが τ_p であるともいえる．（2.1）式において真値は定数であるから，被験者 p 独自の観測値 X_p の分散は測定誤差 E_p の分散に等しくなる．すなわち

$$\sigma_{X_p}^2 = \sigma_{E_p}^2 \tag{2.3}$$

測定誤差は正規分布する．したがって個人 p に限って同一テストを繰り返し施行し，その測定値 X_p をプロットすると，理論上は τ_p を中心に分散 $\sigma_{E_p}^2$ をもつ正規分布になるということが古典的テスト理論からいえる．測定誤差の分散の平方根を標準測定誤差（standard error of measurement）と呼ぶ．注意してもらいたいのは古典的テスト理論において，個人レベルでの真値 τ_p はもちろんのこと，その分散 $\sigma_{E_p}^2$，あるいは標準測定誤差について，他の被験者との等値性は前提としていない．

これまで各被験者 p にかかわる測定値にのみ，議論を限ってきた．しかし

人間が記憶をもち，また学習能力をもっている以上，同一テストを繰り返し施行して得られる得点が互いに独立しているとは現実的には決していえない．上記の議論は理論上意味があるが，実際には応用できる余地はない．またテストとはほとんど集団に対して施行するものであるから，古典的テスト理論を実際に施行するテストの分析に応用する場合，各被験者にかかわる (2.1) 式を被験者集団に拡張する必要がある．

ここで受験者の母集団を想定してみる．この母集団から各被験者をランダムに抽出する．このとき，各被験者の測定値 X_p は先に述べたように，ランダム変数である．したがってランダムに母集団から抽出された測定値 X はこれら2つのランダムプロセスが含まれている．このランダムに母集団から抽出された被験者のランダム変数 X は，

$$X = T + E \tag{2.4}$$

と表される．ランダム変数 X の期待値は真値の期待値と等しい．つまり

$$\mu_X = \mu_T \tag{2.5}$$

なぜなら母集団において各被験者の測定誤差の平均は

$$\varepsilon_p(E) = \varepsilon_p[\varepsilon(E_p)] = \varepsilon_p(0) = 0 \tag{2.6}$$

と表されるからである．

(2.3) 式で被験者 p にかかわる観測値の分散は，その個人の誤差分散に等しいと述べた ($\sigma_{X_p}^2 = \sigma_{E_p}^2$)．その誤差分散の母集団における期待値をそのテストの誤差分散 (error variance for the test) と呼び，次のように表される：

$$\sigma_E^2 = \varepsilon_p[\sigma_{E_p}^2] \tag{2.7}$$

測定誤差 E は真値 T の大きさに無関係であると仮定する．これを測定誤差 E と真値 T が相互に独立しているというが，この仮定の下ではそれらの共分散は

$$\sigma_{TE} = 0 \tag{2.8}$$

となる．したがって

$$\begin{aligned}\sigma_X^2 &= \sigma_p^2[\varepsilon(X_p)] + \varepsilon_p[\sigma_{X_p}^2] \\ &= \sigma_p^2[\tau_p] + \varepsilon_p[\sigma_{E_p}^2] \\ &= \sigma_T^2 + \sigma_E^2\end{aligned} \quad (2.9)$$

という関係が成り立つ．(2.9) 式は，もし被験者集団の各被験者の測定値が個人レベルで (2.1) 式の前提に従うものとすると，被験者集団から得られたテスト得点の分散は真値自体の分散と測定誤差の分散の和となるということである．ここで思い出してほしいのは，個人レベルでの真値 τ_p も，また測定誤差の分散 $\sigma_{E_p}^2$ も，他人と比べて同値であるという前提の必要はもちろんないということである．

テストの信頼性係数（reliability coefficient）ρ_X^2 は測定値の分散 σ_X^2 の中に占める真値の分散 σ_T^2 の割合で定義される．つまり

$$\rho_X^2 = \frac{\sigma_T^2}{\sigma_X^2} = \frac{\sigma_X^2 - \sigma_E^2}{\sigma_X^2} = 1 - \frac{\sigma_E^2}{\sigma_X^2} \quad (2.10)$$

となり，測定誤差が少なければ信頼性係数は高くなる．もし測定誤差が 0 であれば，測定値の分散は真値の分散となり，そのテストの信頼性係数は 1 となる．そのテストはいつも被験者の真の学力を測定していることになる．したがって何度測定を繰り返しても，その測定値は同一で個人レベルで分布しない．またテスト得点がまったくでたらめの数値で測定誤差にしかすぎないなら，誤差分散が測定値の分散と一致して，そのテストの信頼性係数は 0 となる（$0 \leq \rho_X^2 \leq 1$）．信頼性係数 ρ_X^2 と似て，測定値 X と真値 T の間の相関係数 ρ_{XT} を信頼性インデックス（index of reliability）と呼び，これをもってテストの信頼性指数を表すことがある．なぜなら

$$\rho_{XT} = \frac{\sigma_{XT}}{\sigma_X \sigma_T} = \frac{\sigma_T^2}{\sigma_X \sigma_T} = \frac{\sigma_T}{\sigma_X} \quad (2.11)$$

であるから

$$\rho_{XT}^2 = \rho_X^2 \quad (2.12)$$

つまり測定値 X と真値 T の間の相関係数 ρ_{XT} そのものではなく，その平方が信頼性係数となる．したがって信頼性係数は負の数値にはその定義の上からも

なりえないし,実際,採点基準を再試験の前後で変えてしまったりするなど,特別の理由がない限り,負の信頼性係数が算出されることはない.

2.2 信頼性係数の推定方法:平行形式の場合

よく算出される標準測定誤差はこれまでの式から導き出される:

$$\sigma_E = \sqrt{\sigma_X^2 - \sigma_T^2} = \sqrt{\sigma_X^2 - \sigma_X^2 \rho_X^2} = \sigma_X \sqrt{1 - \rho_X^2} \qquad (2.13)$$

信頼性係数 ρ_X^2 と測定値の標準偏差 σ_X があれば,(2.13)式により標準測定誤差が推定できる.しかし標準偏差 σ_X は標本データから推定できたとしても,問題は信頼性係数 ρ_X^2 の推定方法である.(2.10)式にみられるように信頼性係数の算出公式には真値の分散 σ_T^2(あるいは誤差分散)が含まれている.これは直接に測ることができない.したがって信頼性係数は間接的に,平行検査法,再検査法,あるいは折半法などで推定されるものである.

平行検査法あるいは平行形式推定法(parallel-forms estimation approach)において,信頼性は少なくとも交換可能な2つの形式を使用して推定する.この交換可能なテスト形式(test form)は平行形式(parallel forms)と呼ばれ,古典的テスト理論において厳密に定義されている.被験者 p が平行形式である2つのテスト形式 f と g によって測定された場合,次に述べる前提が満足されるものとする:

$$\tau_{pf} = \tau_{pg} \qquad (2.14)$$

そして

$$\sigma_{E_{pf}}^2 = \sigma_{E_{pg}}^2 \qquad (2.15)$$

これらの個人レベルでの前提から,被験者の母集団としての複数の平行形式のテスト $f, g, h, ...$ との条件が導き出される.これら平行形式のテストは同じテスト仕様に基づいて作られており,大規模な被験者集団はどのテスト形式においても,テストスコアは同じ分布を生じ,真値は等値で,したがって測定値の期待値は等値性をもつ.またどの形式の組み合わせにおいても,その共分散は

等しくなる．またそれらの形式と平行でないテスト（Z）に対しても等しい共分散をもつ．すなわち

$$F(X_f)=F(X_g)=F(X_h)=\ldots$$
$$\mu_{X_f}=\mu_{X_g}=\mu_{X_h}=\ldots$$
$$\mu_{T_f}=\mu_{T_g}=\mu_{T_h}=\ldots$$
$$\sigma^2_{X_f}=\sigma^2_{X_g}=\sigma^2_{X_h}=\ldots \qquad (2.16)$$
$$\sigma^2_{E_f}=\sigma^2_{E_g}=\sigma^2_{E_h}=\ldots$$
$$\sigma_{X_fX_g}=\sigma_{X_fX_h}=\sigma_{X_gX_h}=\ldots$$
$$\sigma_{X_fZ}=\sigma_{X_gZ}=\sigma_{X_hZ}=\ldots$$

上記の平行形式の条件を厳密に満たす複数のテストを編成していくことは，不可能でないにしても非常に難しい．

(2.10) 式でテストの信頼性係数は測定値の分散 σ^2_X の中に占める真値の分散 σ^2_T の割合で定義された．しかしテストの信頼性係数を算出する場合，同一標本集団が同一の，あるいはそのテスト f と平行形式であるテスト g においての得点 X_f と X_g の間の相関を使うことが一般に行われる．これは以下の理由による：

$$\rho_{X_fX_g}=\frac{\sigma_{X_fX_g}}{\sigma_{X_f}\sigma_{X_g}}=\frac{\sigma^2_T}{\sigma^2_X}=\rho^2_X \qquad (2.17)$$

なぜなら

$$\begin{aligned}\sigma_{X_fX_g}&=\sigma_{(T+E_f)(T+E_g)}\\&=\sigma^2_T+\sigma_{TE_f}+\sigma_{TE_g}+\sigma^2_{E_fE_g}\\&=\sigma^2_T\end{aligned} \qquad (2.18)$$

注意すべきはこの推定方法が成り立つのはテスト形式 f と g が平行形式であるときに限る．つまり

$$\sigma_{X_f}=\sigma_{X_g}=\sigma_X \qquad (2.19)$$

の前提が必要とされているのである．

再検査法あるいは再テスト推定法（test-retest estimation approach）は信頼性を推定したいテストについての平行形式のテストを使用する代わりに，そのテストを再施行する方法である．この方法はしかし前に述べたように，現実

2.2 信頼性係数の推定方法：平行形式の場合

的に実施上の問題がある．再検査法では被験者は以前に受けた質問に再び反応することになる．その2つの受験時の間に被験者のその質問自体についての学習がなされたかもしれない．あるいは記憶された旧反応と同一反応を行う確率が大きいかもしれない．同一被験者の同一質問に対する2つの反応が独立したもので，測定誤差がランダムであると考えることは，被験者が学習能力のある人間である限りどうしても無理がある．

平行検査法あるいは平行形式推定法の欠点は複数の平行テストを用いなければならないことである．複数のテスト形式によらず，単独に実施されたテスト結果のみを用いて，テストの信頼性を推定する方法の最初の成果は Spearman (1910) と Brown (1910) によってなされた．

スピアマン・ブラウンの公式（Spearman-Brown's formula）において，全体テスト得点 X が2つの平行形式の部分テスト Y_1 と Y_2 に2等分割されるものとする．全体測定値 X はしたがって

$$X = Y_1 + Y_2 \tag{2.20}$$

と表される．そしてその分散は，

$$\begin{aligned}\sigma_X^2 &= \sigma_{Y_1}^2 + \sigma_{Y_2}^2 + 2\sigma_{Y_1}\sigma_{Y_2}\rho_{Y_1Y_2} \\ &= 2\sigma_Y^2 + 2\sigma_Y^2 \rho_{Y_1Y_2} \\ &= 2\sigma_Y^2(1+\rho_Y^2)\end{aligned} \tag{2.21}$$

また全体テストにおける真値は

$$T_X = T_{Y_1} + T_{Y_2} = 2T_Y \tag{2.22}$$

と表され，その分散は

$$\sigma_{T_X}^2 = 4\sigma_{T_Y}^2 \tag{2.23}$$

となる．したがって全体テストにおける得点 X の信頼性係数は

$$\begin{aligned}{}_{SB}\rho_X^2 &= \frac{\sigma_{T_X}^2}{\sigma_X^2} = \frac{4\sigma_{T_Y}^2}{2\sigma_Y^2(1+\rho_Y^2)} = \frac{4\sigma_{T_Y}^2/2\sigma_Y^2}{1+\rho_Y^2} \\ &= \frac{2\rho_Y^2}{1+\rho_Y^2} = \frac{2\rho_{Y_1Y_2}}{1+\rho_{Y_1Y_2}}\end{aligned} \tag{2.24}$$

と表される.(2.24)式をスピアマン・ブラウンの公式という.

2.3 信頼性係数の推定方法:非平行形式の場合

スピアマン・ブラウンの公式は歴史的によく知られている.全体テストを奇数番項目と偶数番項目の項目に分けた折半法でこの公式は頻繁に使われるが,それら2つの部分テストが平行形式を保たねばならないという前提があるので,この公式は折半法以外には使いにくい.そのために部分テストが非平行形式(nonparallel form)である場合の信頼性係数の推定方法がいくつか考案された.

非平行形式の1つであるタウ等価形式(tau-equivalent form)(Lord & Novick, 1968, p.50)は,誤差分散の等値性を前提としていない.すなわち

$$\tau_{pf}=\tau_{pg}=\tau_{ph}=... \tag{2.25}$$

そして

$$\sigma^2_{E_{pf}} \ne \sigma^2_{E_{pg}} \ne \sigma^2_{E_{ph}} \ne ... \tag{2.26}$$

タウ等価形式では真値の期待値が等値であることと誤差得点の期待値が0であるという2つが仮定されているため,被験者集団における観測値の期待値はテスト形式間では変動しないと仮定される.

本質的にタウ等価(essentially tau-equivalent)な形式は,誤差分散の相違に加え真値のレベルでの相違も許されている.受験者個人 p については,

$$\tau_{pf}=\tau_{pg}+b_{fg} \tag{2.27}$$

と表される.ここでの定数 b_{fg} はテスト形式 f と g に依存しているが,受験集団の各個人には依存しない.したがって2つのテストの得点を比べるとき,受験者集団のすべての個人の形式間の得点差はコンスタントとみなされている.誤差分散については非平行形式であるから等値性を前提としていない.

同族形式(congeneric form)は,受験者個人 p については

2.3 信頼性係数の推定方法：非平行形式の場合

$$\tau_{pf} = a_{fg}\tau_{pg} + b_{fg} \tag{2.28}$$

と表される．ここで定数 a_{fg}, b_{fg} はテスト形式に依存するが，受験者個人には依存しない．誤差分散については非平行形式であるから等値性を前提としていない．同族形式において測定誤差の分散は 2 つのテスト形式 f と g の間で等しくなく，また平均も異なる．したがって測定値の分散の集団間の違いは，真値か測定誤差かどちらかに決めることはできない．

(2.24) 式で与えられたスピアマン・ブラウンの公式には 2 つの部分テストが平行であるという前提が必要であった．もし，これらの 2 つの部分テストが本質的にタウ等価であったとしたら，$\sigma_{Y_1}^2 = \sigma_{Y_2}^2$ という前提は成り立たないとしても，部分テスト Y_1 と Y_2 間の共分散が，それぞれの部分テストの真値の分散に等しくなる．したがって

$$\sigma_T^2 = \sigma_{(2T_1)}^2 = 4\sigma_{T_1}^2 = 4\sigma_{Y_1Y_2} \tag{2.29}$$

これよりフラナガン（Flanagan）のタウ推定法の公式（Rulon, 1939）が求められる：

$$_F\rho_X^2 = \frac{\sigma_T^2}{\sigma_X^2} = \frac{4\sigma_{Y_1Y_2}}{\sigma_X^2} \tag{2.30}$$

Rulon（1939）はフラナガンによる上記の信頼性係数に代数的に等価な公式を発表した：

$$\begin{aligned}_R\rho_X^2 &= \frac{\sigma_T^2}{\sigma_X^2} = \frac{\sigma_{T_1}^2 + 2\sigma_{T_1T_2} + \sigma_{T_2}^2}{\sigma_X^2} \\ &\geq \frac{4\sigma_{T_1T_2}}{\sigma_X^2} = \frac{4\sigma_{Y_1Y_2}}{\sigma_X^2} = 2\left[\frac{\sigma_X^2 - (\sigma_{Y_1}^2 + \sigma_{Y_2}^2)}{\sigma_X^2}\right] \\ &= 2\left[1 - \frac{\sigma_{Y_1}^2 + \sigma_{Y_2}^2}{\sigma_X^2}\right]\end{aligned} \tag{2.31}$$

なぜなら

$$|\sigma_{T_1T_2}| \leq \sigma_{T_1}\sigma_{T_2} \tag{2.32}$$

であり

$$\sigma_{T_1}^2+\sigma_{T_2}^2\geq 2\sigma_{T_1}\sigma_{T_2} \tag{2.33}$$

2.4 クーダー・リチャードソンの公式とクロンバックのアルファ係数

各テスト項目が正誤反応として採点される場合,クーダー・リチャードソンの係数 20(Kuder-Richardson's coefficient 20, KR20)がよく使われる.KR20 は次の公式で与えられる.

$$KR_{20}=\frac{n}{n-1}\left[1-\frac{\sum\limits_{j=1}^{n}\pi_j(1-\pi_j)}{\sigma_X^2}\right] \tag{2.34}$$

ここで n はテスト項目の数,π_j は母集団からランダムに抽出された被験者が項目 j に正答する確率,そして σ_X^2 はテストに対する総得点の母集団の分散である.Novick & Lewis (1967) は KR20 がルーロン(Rulon)の信頼性係数 $_R\rho_X^2$ に対応する信頼性係数を算出するためには部分テストが平行,タウ等価,あるいは本質的にタウ等価形式でなくてはならないことを示した.

これまであげてきた信頼性係数の推定公式はどれも部分テストが2つの場合であった.部分テストが3つ以上で本質的にタウ等価形式の場合に頻繁に使われる公式がクロンバックのアルファ係数(Cronbach's coefficient alpha)である(Cronbach, 1951).全体テスト X が n 個の部分テスト Y_i で分割される場合,アルファ係数は次の公式によって与えられる.

$$\alpha=\frac{n}{n-1}\left(1-\frac{\sum\limits_{i=1}^{n}\sigma_{Y_i}^2}{\sigma_X^2}\right) \tag{2.35}$$

(2.34) 式の KR20 において $\pi_j(1-\pi_j)$ は正誤反応項目の分散である.アルファ係数ではこれが部分テストの得点分散 $\sigma_{Y_i}^2$ となっている.KR20 と同じく,部分テストが平行,タウ等価,あるいは本質的にタウ等価形式であるときのみ,アルファ係数で算出される数値はそのテスト全体の信頼性係数となる.その条件が成り立たない場合,アルファ係数は信頼性係数の下限として解釈される.

2.4 クーダー・リチャードソンの公式とクロンバックのアルファ係数

もし KR20 における項目総分散 $\sum_{j=1}^{n} \pi_j(1-\pi_j)$ が n 項目についての平均正答率 $n\bar{\pi}(1-\bar{\pi})$ を用いて推定されるなら，KR20 は次の KR21 に一致する．

$$KR_{21} = \frac{n}{n-1}\left[1 - \frac{\mu_X(n-\mu_X)}{n\sigma_X^2}\right] \quad (2.36)$$

古典的テスト理論における信頼性について理論的な事柄はここで網羅したと思う．この理論をさらに展開していくと Brennan (2001) の一般化可能性理論（G-理論：generalizability theory, G-theory）となる．この G-理論においては古典的テスト理論において単一と捉えられていた測定誤差の要因をさらに細かく分け，それら複数の要因から派生する誤差を分散分析の手法で解析していく．

これまで素点を分析の主な対象とした古典的テスト理論について述べてきた．しかし，素点そのものを独立した学力の測定値として用いることは，それがテスト依存である限りどうしても限界がある．実際，複数の平行形式のテストを構築することは大変に難しいし，後に述べるテストの等化（equating）という方法においても，古典的テスト理論に基づくと方法論上さまざまな制約や限界がある．また素点がテスト依存の統計値であると同様に，項目困難度を表す統計値としての平均項目得点 h_j あるいは通過率は，受験者集団という標本依存の数値である．通過率 0.2 という難しい項目も，より学力の高い学力標本集団にとっては，より通過率が高いやさしい項目になるかもしれない．このような素点のテスト項目依存性と項目困難度の標本依存性は，長い間古典的テスト理論において解決を期待されてきた問題であった．現代テスト理論として次章に紹介する項目反応理論（IRT）は，その古典的テスト理論の抱えてきたそれらの問題に対して，IRT モデルの応用という 1 つの解決策を与えた．

3

1次元2値 IRT モデル

　項目反応理論（IRT）モデルはラッシュ系モデルとサーストン系モデル（Thurstone model）に大別できる．どちらの系統の IRT モデルも，古典的テスト理論のようにテスト全体と被験者集団を対象とした理論ではなく，1人の被験者がテストの1項目に応答する際の正解率をモデル化したものである．

3.1　ラッシュ系モデル

　ラッシュモデル（Rasch, 1980）は項目困難度と潜在特性パラメータをロジスティック関数に含むモデルである．このモデルは後に紹介するサーストン系モデルの最も単純な 1PL モデル（one-parameter logistic model）とみなすことができる．しかしこのモデルについての研究は，デンマークの数学者ラッシュ（G. Rasch）が独自に考案し，サーストン系モデルについての発展研究とは一線を画した歴史をたどってきた．ラッシュとテストデータ解析との出会いは，1945年に彼がデンマーク国防省で集団知能検査の標準化プロジェクトに携わったことから始まった．このとき，彼が考えていたのは，項目困難度をそのテストがたまたま測っている集団から独立した指標とすることができないものだろうかという問題であり，また使用された被験者集団にかかわらず独立に項目の難易度を表すことができないかという課題であった．ラッシュはこれらのテスト理論の課題の解決案として，質問項目の困難度パラメータと被験者の能力パラメータの2つのみをロジスティック関数に含むモデルを提唱した．そのラッシュモデルは

3.1 ラッシュ系モデル

表 3.1 ラッシュモデルの項目特性パラメータ値：4 例の項目

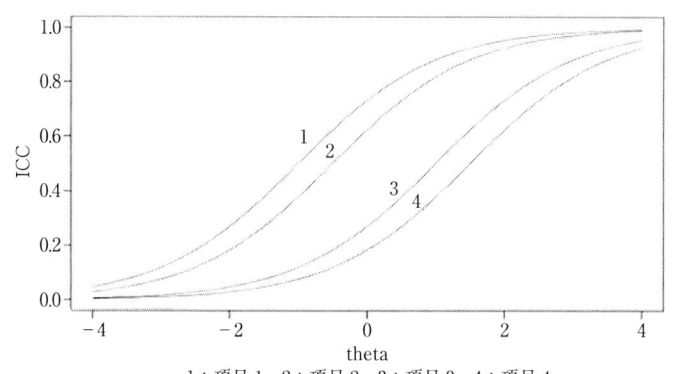

	項目パラメータ	
	困難度	識別度
	b	a
項目 1	-1.0	1.0
項目 2	-0.5	1.0
項目 3	1.0	1.0
項目 4	1.5	1.0

図 3.1 ラッシュモデルの項目特性曲線：4 例の項目

$$P_j(\theta_i) = \frac{\exp(\theta_i - b_j)}{1 + \exp(\theta_i - b_j)} \tag{3.1}$$

と表される．潜在特性 θ を独立変数として，確率関数をグラフで表したものを項目特性曲線（item characteristic curve, ICC）と呼ぶ．このモデルの例として，4 つの項目の ICC を図 3.1 にプロットした．またそれら項目の困難度パラメータを表 3.1 にあげた．

図 3.1 のラッシュモデルの 4 つの ICC を比較すると，みな平行であるということがわかる．これはもちろんこの項目の識別度パラメータ値が一定であるからである（$a_j=1$）．互いに平行であるということは，ラッシュモデルにおいて ICC は決して交差しないということである．ICC が互いに平行だから，項目 1 はどこの θ の領域でも項目 2 より同じようにやさしい．

被験者 i の項目 j に対する正解確率のオッズ（odds）を対数変換すると

$$\begin{aligned}\ln[Odds_j(\theta_i)] &= \ln\left(\frac{P_j(\theta_i)}{1-P_j(\theta_i)}\right) \\ &= \ln[\exp(\theta_i - b_j)] \\ &= \theta_i - b_j\end{aligned} \quad (3.2)$$

となる．このパラメータごとの距離をロジット（logit）と呼び，それが構成する尺度をロジット尺度と呼ぶ．ラッシュモデルにおいて2つの項目 j と j' のオッズの比のロジット変換（logit transformation）値は θ と独立で一定である：

$$\ln\left(\frac{Odds_{j'}(\theta_i)}{Odds_j(\theta_i)}\right) = \ln\left(\frac{\exp(\theta_i - b_{j'})}{\exp(\theta_i - b_j)}\right) = b_j - b_{j'} \quad (3.3)$$

2PL モデル（two-parameter logistic model）や3PL モデル（three-parameter logistic model）ではこのロジット値に項目と能力の交差項 $\Delta_a\theta_i$ が含まれてしまう：

$$\begin{aligned}\ln\left(\frac{Odds_{j'}(\theta_i)}{Odds_j(\theta_i)}\right) &= \ln\left(\frac{\exp a_{j'}(\theta_i - b_{j'})}{\exp a_j(\theta_i - b_j)}\right) \\ &= (a_{j'} - a_j)\theta_i + (a_j b_j - a_{j'} b_{j'}) \\ &= \Delta_a \theta_i + \Delta_{ab}\end{aligned} \quad (3.4)$$

同様に2人の被験者の能力パラメータ θ_i と $\theta_{i'}$ のロジット尺度におけるオッズ比から計算された距離は，それを測る共通テスト項目 j の困難度 b_j と独立である：

$$\ln\left(\frac{Odds_j(\theta_{i'})}{Odds_j(\theta_i)}\right) = \ln\left(\frac{\exp(\theta_{i'} - b_j)}{\exp(\theta_i - b_j)}\right) = \theta_{i'} - \theta_i \quad (3.5)$$

ラッシュモデルが比較的広く使われている理由の一つに，2項目のオッズ比が θ ロジット尺度のどの領域でも一定であり，また2人の被験者のオッズ比がどのロジット尺度域においても項目困難度と独立で一定であるということがある．また (3.2) 式で示されたように，正解確率のオッズを対数変換した後のロジット尺度で表された能力パラメータと項目パラメータの距離が $(\theta_i - b_j)$ と表される．テストデータでは通常，各被験者は全項目に反応し，各項目は全被験者に応答される．したがって，この変換を全被験者と全項目に続けてつないでいけば，ラッシュモデルの項目と能力のすべてのパラメータを1つのロジット尺度上に図3.2のように表現できるということは直感的に理解できる．

能力パラメータ群と項目パラメータ群を含むセットは1つの間隔尺度をなし

3.1 ラッシュ系モデル

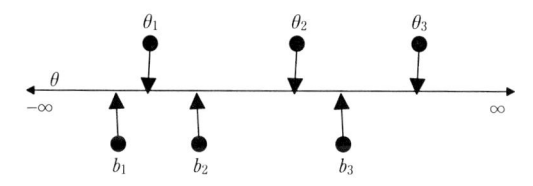

図 3.2 ラッシュモデル潜在特性尺度

ているから，原点に関しては決定不可能（indeterminacy）である．つまりどちらかのパラメータ群の1つの点（原点）を自由に設定できる．そうすると，他方のパラメータ群のすべての値が決定される．しかもその原点はセットの中心点といった特異点である必要はない．もし項目の1つ，あるいは被験者の1人のパラメータ値を原点（あるいは他の特異点）として任意に定めてやれば，このテストデータに含まれるすべての項目および被検者のパラメータを唯一（unique）なロジット尺度上に布置できる．またもし複数のテスト間に共通項目があったり，また共通の被験者がいれば，それを利用して，それらテストごとに構築されたロジット尺度をつなげることが原理的には可能である．その尺度に素点尺度のような上限も下限もないということは，この連結された尺度の両端は無限にのばしていけるということである．あるいは条件が整えば，項目パラメータのみを使用した巨大な項目プールを構築し，それを1つの尺度で表せるということである．そしてこの尺度は間隔尺度であり，素点尺度よりその測定尺度のレベルが高い．

ラッシュモデルにおけるパラメータを推定した後に，このモデルの予測値がいかに観測されたテストデータと一致するかを測り，それをこのモデルの適合度（model fit）の指標（index of fit）とすることができる．モデルを基に計算された標準残差（estimated standard residual）z_{ij} はそれらモデル適合度の指標の一つであり，

$$z_{ij} = \frac{u_{ij} - P(\hat{\theta}_i, \hat{b}_j)}{\sqrt{P(\hat{\theta}_i, \hat{b}_j)[1 - P(\hat{\theta}_i, \hat{b}_j)]}} = \frac{u_{ij} - \hat{p}_{ij}}{\sqrt{\hat{p}_{ij}(1 - \hat{p}_{ij})}} \tag{3.6}$$

と表される．ここで $P_{ij}(\hat{\theta}_i, \hat{b}_j)$ は（3.1）式のラッシュモデルのパラメータの推定値を基に計算された，被験者 i の項目 j に対する正解確率の予測値である．したがって分子は実際の解答値との差異であり，その差異を標準化するため

に，(3.6) 式では 2 項確率（binomial probability）の標準偏差の推定値で割ってある．

(3.6) 式によって与えられたラッシュモデルの残差の計算値はそのモデルの単純な構造により，さらに簡単な計算で求まる．(3.6) 式で与えられた標準残差を

$$z_u = \frac{u - \hat{p}}{\sqrt{\hat{p}(1-\hat{p})}} \tag{3.7}$$

と書くとする．項目回答が不正解の場合 ($u=0$)，(3.7) 式はしたがって

$$z_0 = -\frac{\hat{p}}{\sqrt{\hat{p}(1-\hat{p})}} = -\sqrt{\frac{\hat{p}}{1-\hat{p}}} = -\exp\left(\frac{\hat{\theta}-\hat{b}}{2}\right) \tag{3.8}$$

となり，その 2 乗は

$$z_0^2 = \exp(\hat{\theta} - \hat{b}) \tag{3.9}$$

となる．また項目回答が正解の場合 ($u=1$) は，(3.7) 式は

$$z_1 = \frac{1-\hat{p}}{\sqrt{\hat{p}(1-\hat{p})}} = \sqrt{\frac{1-\hat{p}}{\hat{p}}} = \exp\left(\frac{\hat{b}-\hat{\theta}}{2}\right) \tag{3.10}$$

となり，その 2 乗は

$$z_1^2 = \exp(\hat{b} - \hat{\theta}) \tag{3.11}$$

となる．これら上式を一般式で表すと

$$z_u = (2u-1)\exp\left[\frac{(2u-1)(\hat{b}-\hat{\theta})}{2}\right] \tag{3.12}$$

であり，

$$z_u^2 = \exp[(2u-1)(\hat{b}-\hat{\theta})] \tag{3.13}$$

となる．

標準残差 z_{ij} の分布は近似的に標準正規分布（standardized normal distribution）に従う：

$$z_{ij} \sim N(0,1) \tag{3.14}$$

またこの標準残差の 2 乗 z_{ij}^2 は近似的に自由度 1 のカイ 2 乗分布（chi-square distribution）に従う：

3.1 ラッシュ系モデル

$$z_{ij}^2 \sim \chi_1^2 \tag{3.15}$$

被験者 i の項目 j における標準残差 z_{ij} の計算例を, 3人の被験者が5項目に回答した場合の解答パターンとともに表3.2に示す. この表において被験者1の能力値 θ は -2.0 である. その θ 値より低い困難度 b の項目 ($b<\theta$) には正解 ($u_{ij}=1$) する確率は 0.5 以上であると予測される. しかし困難度 $b=-3.0$ の項目1に対して予想外にこの被験者1は不正解の回答をした. 反対にこの被験者1は不正解であるオッズが高い困難度 $b=1.5$ の項目5に予想外に正解した. 同様にして, 後の2人の被験者2と3の回答パターンを表に示し, 予想外の項目反応を四角で囲んである. 表3.2を基に計算した標準残差 z_{ij} とその2乗値 z_{ij}^2 を表3.3と表3.4にそれぞれ示した.

表3.3において予測に反して不正解になったりした項目反応の標準残差値 z_{ij} はいずれも -1.0 よりその値が小さい. 反対に, 予測に反して正解になったりした項目反応の標準残差値 z_{ij} は 1.0 よりその値が大きくなる. 項目反応

表3.2 標準残差の計算例：被験者4人の項目3個に対する解答パターン (u_{ij})

被験者	項目					θ
	1	2	3	4	5	
1	[0]	1	0	0	[1]	-2.0
2	[0]	1	1	0	0	-1.0
3	[0]	1	[0]	1	0	1.0
b	-3.0	-2.5	-1.5	0.0	1.5	

表3.3 標準残差の計算例：標準残差値 z_{ij}

被験者	項目				
	1	2	3	4	5
1	[-1.649]	0.779	-0.779	-0.368	[5.755]
2	[-2.718]	0.472	0.779	-0.607	-0.287
3	[-7.389]	0.174	[-3.490]	0.607	-0.779

表3.4 標準残差の計算例：標準残差値の2乗値 z_{ij}^2 とその平均値 v

被験者	項目					v_i
	1	2	3	4	5	
1	[2.718]	0.606	0.607	0.135	[33.115]	9.296
2	[7.389]	0.223	0.607	0.368	0.082	2.167
3	[54.598]	0.030	[12.182]	0.368	0.607	16.946
v_j	32.353	0.430	6.698	0.436	16.902	

の予想外の程度が著しくなる，つまり 2 つのパラメータの距離，$|\theta-b|$，が増えるに従い標準残差値 z_{ij} の絶対値は 1.0 と比べて極端な値をとる．Wright & Stone（1979）は，$|\theta-b|>2$ あるいは $|z|>2.718$ である場合に，その項目反応に注意が必要であると述べている．このルールによると，被験者 1 の項目 5 に対する正解反応，被験者 3 の項目 1 と項目 3 に対する不正解反応はラッシュモデルのみでは説明することが難しいと判断される．予測に反して正解がなされた場合，試験において不正がなされたか，あるいはその項目が特定の被験者にとって特別にやさしかったかなどなんらかの原因があったのかもしれない．あるいはまた，予測に反して特定のグループの被験者に不正解がみられる項目には，なにかの特別な理由があったのかもしれない．それら疑わしい項目を発見し，そして正式にテストに含む前にそれらを丹念に検証していくためにも標準残差値 z_{ij} は役に立つ．しかしこれら標準残差 z_{ij} は被験者と項目の交互作用によるものであるから，項目のみの検証，あるいは特定の被験者に関する検証には使いづらい．これら標準残差値 z_{ij} の総項目における合計値，あるいは被験者全体における合計値も限りなく 0 に近づくから，特定項目や特定被験者についてのモデル適合度を測る指標には不適切である．

　Wright & Stone（1979）は項目不適合（item misfit）の指標として，標準残差値 2 乗値 z^2_{ij} の項目における平均である次の平均平方（mean square, MS）統計値を提唱している：

$$v_j = \frac{\sum_{i=1}^{N} z_{ij}^2}{N-1} \tag{3.16}$$

同じように被験者の項目応答がラッシュモデルに適合しているのかどうかの検証は被験者不適合（person misfit）の指標である次の MS 統計量を計算すればよい：

$$v_i = \frac{\sum_{j=1}^{n} z_{ij}^2}{n-1} \tag{3.17}$$

(3.16) 式において N は被験者の総数であり，統計量 v_j は F 分布に従い

$$v_j \sim F_{N-1, \infty} \tag{3.18}$$

また t 分布や標準分布により近似的に求まる（Wright & Stone, 1979）：

3.1 ラッシュ系モデル

$$t_j = [\ln(v_j) + v_j - 1]\sqrt{\frac{N-1}{8}} \sim N(0,1) \qquad (3.19)$$

一方，(3.17) 式の n は項目数であり，この統計量 v_i は F 分布に従い

$$v_i \sim F_{n-1,\infty} \qquad (3.20)$$

また t 分布や標準分布により近似的に求まる（Wright & Stone, 1979）：

$$t_i = [\ln(v_i) + v_i - 1]\sqrt{\frac{n-1}{8}} \sim N(0,1) \qquad (3.21)$$

これら t 統計量を標準化された MS fit とも呼ぶ．

表 3.2 に例としてあげた項目反応データの項目適合（item-fit）v_j と被験者適合（person-fit）v_i の MS 統計量を表 3.4 に計算してある．項目反応データの例では被験者数や項目数が少ないため，これらの統計値に関しての的確な判断はできないが，不適合反応が多くみられる特定の項目や被験者に関するこれらの指標（item-fit v_j と person-fit v_i）は確かに高い値を示している．特に項目 1 に対して 3 人の被験者が予測に反して不正解反応をしており，その item-fit 統計量はかなり高い不適合の数値を示している（$v_1=32.353$ あるいは $t_1=17.415$）．これらの高い統計量は項目反応がラッシュモデルに適合しているという仮定の下ではその出現確率が極端に低い数値である．モデルに適合しないテスト項目は不良であるとすぐにはいえないが，すくなくともこのような不適合を示している項目に関して特別な検証が必要である．モデル適合性の検証はテスト作成過程にとって必要不可欠な作業であることは当然であり，またテストデータの処理にとってもこのような有意義な情報を与えてくれる．

(3.16) 式と (3.17) 式において，それぞれの自由度は $N-1$ と $n-1$ として指標を公式化している（Wright & Stone, 1979）．最近のラッシュモデルの文献においてはそれら自由度を N と n としているケースが多くなった（Wright & Masters, 1982；Bond & Fox, 2001）．もちろん被験者の数や項目数が多くなるにつれ，それらの違いは無視できる程度となる．

ラッシュモデルにおける項目あるいは被験者に関するモデル適合度（model fit）の MS 指標：item-fit/item-misfit あるいは person-fit/person-misfit に関する研究は，ラッシュモデルの分野で盛んに行われてきた．Wright & Masters (1982) は (3.16) 式と (3.17) 式で表された従来のモデル適合度の指標

をoutfitと呼び，新たにinfitと呼ばれるモデル適合度の指標を提唱した．そのitem infit v_j' とperson infit v_i' 統計量はそれぞれ

$$v_j' = \frac{\sum_{i=1}^{N} z_{ij}^2 w_{ij}}{\sum_{i=1}^{N} w_{ij}} \tag{3.22}$$

$$v_i' = \frac{\sum_{j=1}^{n} z_{ij}^2 w_{ij}}{\sum_{j=1}^{n} w_{ij}} \tag{3.23}$$

と表される．

 outfitはいわば重み付けをしないモデル適合度指標であり，infitは情報などで重み付けして計算されたモデル適合度指標である．もし重み w_{ij} として2項確率の分散推定値 $\hat{p}_{ij}(1-\hat{p}_{ij})$ を用いると，(3.22) 式と (3.23) 式のinfit統計量はさらに簡単な公式となる：

$$v_j' = \frac{\sum_{i=1}^{N} (u_{ij} - \hat{p}_{ij})^2}{\sum_{i=1}^{N} \hat{p}_{ij}(1-\hat{p}_{ij})} \tag{3.24}$$

$$v_i' = \frac{\sum_{j=1}^{n} (u_{ij} - \hat{p}_{ij})^2}{\sum_{j=1}^{n} \hat{p}_{ij}(1-\hat{p}_{ij})} \tag{3.25}$$

 (3.22) 式と (3.23) 式で用いられている重み w_{ij} は $\hat{p}_{ij}$ が 0.5 の場合に 0.25 という最大の値をとる．この最大値において能力推定値と項目困難度パラメータ推定値は同値である ($\hat{\theta}_i = \hat{b}_j$)．そしてこれらパラメータ推定値 $\hat{\theta}_i$ と $\hat{b}_j$ の距離が離れるにつれ，重み w_{ij} は減少する．したがってinfit統計量はoutfit統計量と比べ被験者能力推定値に近い項目における予測がうまくいかなかった解答パターンに影響を受けやすいといえる．言い換えれば，infit統計量は各被験者能力から離れた項目の解答パターン，特に外れ値のMS fit統計量への影響を軽減することができ，かつまたそれら被験者の能力に適している項目における不適合な項目反応パターンに対して鋭敏である指標であるといえる．この理由から，outfitよりinfitが不適合な被験者や項目を決定する際に頻繁に使われている (Bond & Fox, 2001)．

Wright & Masters (1982) は第 4 次モーメントのベルヌーイ 2 項確率変数 u_{ij} を

$$m_{ij} = \hat{p}_{ij}(1-\hat{p}_{ij})[1-3\hat{p}_{ij}(1-\hat{p}_{ij})] \\ = w_{ij}(1-3w_{ij}) \qquad (3.26)$$

とおき，v_j' の分散を導き出した：

$$q_j^2 = \frac{\sum_{i=1}^{N}(m_{ij}-w_{ij}^2)}{\left(\sum_{i=1}^{N} w_{ij}\right)^2} \qquad (3.27)$$

そして t 分布統計量

$$t_j' = \frac{3}{q_j}[(v_j)^{1/3}-1]+\frac{q_j}{3} \sim N(0,1) \qquad (3.28)$$

であることから，item infit 統計量の標準化を行った．同様に v_i' の分散：

$$q_i^2 = \frac{\sum_{j=1}^{n}(m_{ij}-w_{ij}^2)}{\left(\sum_{j=1}^{n} w_{ij}\right)^2} \qquad (3.29)$$

を用い，標準化された person infit 指標値：

$$t_i' = \frac{3}{q_i}[(v_i)^{1/3}-1]+\frac{q_i}{3} \sim N(0,1) \qquad (3.30)$$

が導かれた．

MS 統計量であるモデル適合度値（v あるいは v'）は平均が 1 である．したがってその値が 0.75〜1.3 であればモデルに適合しているといわれる．一方標準化されたモデル適合度値（t あるいは t'）は平均が 0 である．したがってその値が -2.0〜2.0 であればモデルに適合しているといわれる．ラッシュモデルの 1 次元性についての仮定，あるいは項目識別力（item discriminating power）とこの item-fit 指標との関係の研究がよく行われている．ラッシュモデルにフィットしないからといって不良な項目とは思わないが，ラッシュ項目分析において，これら不適合している項目は除外して，再度モデル適合度の統計量を計算することがよく行われている．標準化されたモデル item-fit 値（t あるいは t'）が -2 未満であるとき，この項目は過剰に適合している（over-fit）といわれるときがある．この過剰に適合している項目に関しても情報的に

余分であると判断され，テストの目的によっては最終版のテストから除かれる場合があるという．

　尺度の1次元性と項目と被験者パラメータの同一尺度化を主な目的とするラッシュモデルを基にした項目反応データの分析にとって，モデル適合度指標の研究は重要な位置を占めている．0か1の値しかとれない定性的な2値反応観測値 u_{ij} とその期待値である連続数値の $\hat{p}_{ij}$ の差異を残差として用いるのが果たして正しいのかという根本的な問題点も指摘されている．ラッシュモデル研究の分野で，このようなモデル適合度指標の研究はさらに発展していくことが予想される．

　ラッシュモデルを今日のように世界に広く知らしめたのはシカゴ大学のライト（B. D. Wright）の功績であった．しかしその能力パラメータの項目独立性や項目パラメータの標本独立性をあまりに強調しすぎ，それがパラメータの普遍性あるいは不変性を意味するものであるという誤解を広く植え付けてしまったことは残念である．確かに項目パラメータ b_j を推定するために学力あるいは能力パラメータ θ_i の分布を前提とする必要はない．同様に潜在特性パラメータ θ_i を推定する際に，項目パラメータ b_j の既知値を推定式に用いる必要はない．しかし項目パラメータが学力のパラメータと分離して推定できるということは，項目困難度パラメータに，それらを推定したときに使われた被験者標本集団の学力の特徴がまったく影響していないということではない．

　学力パラメータ値の項目独立性についての過度な強調は，より弊害のある誤解を招いてきた．たとえばその項目が単なる知識の有無を確かめる問題だったとする．その知識の必要性がなくなれば，その項目は自然と難しくなる．もしその知識の重要性がカリキュラムで強調され，学生たちの間でそれについての学習機会が多くなれば，その項目についての正解率は高まるのは当然である．項目パラメータの標本独立性と潜在能力パラメータの項目独立性は，それらの推定方法における統計的特徴を述べているにすぎない．それは一度推定された項目パラメータ値が不変であり，再推定の必要がまったくないということでは決してない．

　ラッシュモデルにはもう一つの問題がある．たとえば問題が複雑になるにつれ，項目解答に必要な能力は一様ではなくなる．1つの問題の解法にさまざま

なやり方があるし，また問題解法ストラテジーは，年齢・学年によって異なってくる可能性もある．ある項目とある受験者は交互作用（interaction）する可能性がいつもあるのであり，またすべての項目反応にラッシュモデルのように1次元（one dimension）の能力パラメータのみで足りるというのは単純すぎるように思われる．複数の次元の能力がある項目の解答には必要であるかもしれないと考えることは，より実際的なことである．そういった理由で，現実のテストデータをラッシュモデルのみで分析していくことには限界がある．ラッシュモデルもラッシュモデルパラメータ値も決して普遍でも不変でもないのである．

　ラッシュモデルがすべてのテスト項目に適合しているテストは，確かに理想的な状態なのかもしれない．そのテストのすべての項目が測る能力は単純でかつ一様であり，またその信頼度においても画一的である．項目間の難しさの違いはどの受験者集団にとっても同距離である．そしてそのようなテストデータがこのモデルによって解析されたとき，ラッシュモデルは確かにさまざまな利点をその利用者に提供してくれる．ラッシュモデルが普遍であるという神話を捨てたとき，このモデルの長所がより明確に認識されるであろう．

3.2　サーストン系 IRT モデル

　ラッシュモデルのみに頼るテスト分析やテスト作成においては，不適合の項目を編集中であるテストあるいは項目プールから除外するやり方が一般的に行われている．しかしラッシュモデルに適合していないからといって，即，項目除外という対処をすることには賛成はできない．なぜ適合していないのかの理由を少なくとも探求すべきであるし，またより一般的なサーストン系 IRT モデルでの項目パラメータをカリブレーション（推定）することで，それら不適合の項目を除外することなく活用できる場合も多々ある．テスト作成において，項目作成のコストが一番かかるそうである．ラッシュモデルのみに頼るテスト作成は，使えなくなるテスト項目が多くなるため不経済であるのかもしれない．むしろラッシュモデルに適合しない項目が多くみられたとき，それらの項目を除外するより，より一般なサーストン系モデルの利用を考えてみた方が

得策である．

　初期のサーストン系 IRT モデルは正規累積曲線を用いて表された．正規累積項目反応モデル（normal ogive item response model）は標準正規分布の密度関数：

$$\phi(z) = \frac{1}{\sqrt{2\pi}} \exp\left(-\frac{1}{2}z^2\right) \tag{3.31}$$

を基とする．この累積分布関数は

$$P_j = \Phi(Z_j) = \int_{-Z_j}^{\infty} \phi(t) dt \tag{3.32}$$

となる．(3.32) 式における正規偏差（normal deviate）Z_j は

$$Z_j = \frac{\theta - \mu_j}{\sigma_j} \tag{3.33}$$

と表される．

　Lord（1980）は正規累積項目反応モデルにおける理論的根拠を，項目に関する変数 Γ_j の能力変数 θ への回帰関数（regression）の概念を用いて説明している．変数 Γ_j は能力変数 θ と同じく潜在変数であり，被験者の項目 j における応答の正解不正解を決定する．もしある被験者にとってその変数 Γ_j がある閾値定数 γ_j より大きければ（$\Gamma_j > \gamma_j$），その項目反応は正解（$u_j = 1$）となる．反対にその変数 Γ_j がある閾値定数 γ_j より小さければ（$\Gamma_j < \gamma_j$），その項目反応は不正解（$u_j = 0$）となる．もちろん正規分布は連続確率分布であるから $\Gamma_j = \gamma_j$ の場合は無視できる．つまり (3.32) 式は

$$P_j = P_j(\theta) = \mathrm{Prob}(u_j = 1 | \theta) = \mathrm{Prob}(\Gamma_j > \gamma_j | \theta) \tag{3.34}$$

とも表せる

　Lord（1980）はここで Γ_j を θ の関数 $\Gamma_j = f(\theta)$ と仮定した．もしテスト項目全体が複数の θ という多次元共通因子構造をもっているのなら，その関数 $f(\theta)$ を通常の因子分析（factor analysis）モデルで表せる．もちろん単次元 θ の場合，その因子分析モデルは特に

$$\Gamma_j = \rho_j \theta + \varepsilon_j \tag{3.35}$$

となる．図 3.3 は，θ の 3 つのレベルにおける Γ_j の条件付き分布を示した．この図に使われている $\mu_{j|\theta}$ は Γ_j の θ への回帰直線である：

3.2 サーストン系 IRT モデル

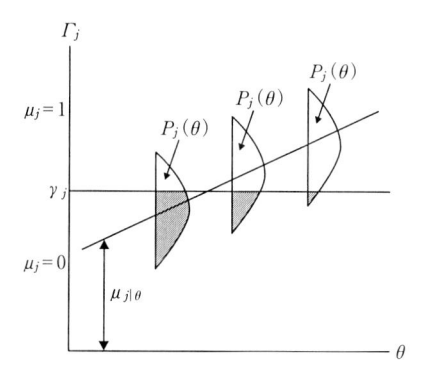

図 3.3 θ の 3 つのレベルにおける Γ_j の条件付き分布と Γ_j 回帰直線

$$\mu_{j|\theta} = \rho_j \theta \tag{3.36}$$

ロード (Lord) の潜在変数 Γ_j に関する 3 つの仮定は次のようにまとめられる:

1. 潜在変数 Γ_j の潜在変数 θ への回帰関数 $\mu_{j|\theta}$ は線形 (linear) である.
2. 潜在変数 Γ_j の分散 $\sigma_{j|\theta}^2$ は潜在変数 θ のどのレベルにおいても等しい (homoscedastic).
3. 潜在変数 Γ_j のある θ のレベルにおける条件付き分布は正規分布である.

θ の尺度は自由に選べるが,いちおう因子分析モデル (Thurstone, 1947) の前提に従い,その分散を 1 とすると,標準偏差 Z_j は

$$-Z_j = \frac{\gamma_j - \mu_{j|\theta}}{\sigma_{j|\theta}} = \frac{\gamma_j - \rho_j \theta}{\sqrt{1-\rho_j^2}} = -\frac{\rho_j}{\sqrt{1-\rho_j^2}}\left(\theta - \frac{\gamma_j}{\rho_j}\right) \tag{3.37}$$

となる.つまり IRT モデルの項目識別力パラメータ a_j と項目困難度パラメータ b_j をそれぞれ

$$a_j = \frac{\rho_j}{\sqrt{1-\rho_j^2}} \tag{3.38}$$

$$b_j = \frac{\gamma_j}{\rho_j} \tag{3.39}$$

と定めると, (3.37) 式は

$$Z_j = a_j(\theta - b_j) \tag{3.40}$$

となる．標準正規分布は対称であるから，

$$\int_{-Z_j}^{\infty}\phi(t)dt=\int_{-\infty}^{Z_j}\phi(t)dt \tag{3.41}$$

したがって（3.32）式で表された 2PL 正規累積 IRT モデルは

$$P_j(\theta)=\int_{-\infty}^{a_j(\theta-b_j)}\frac{1}{\sqrt{2\pi}}\exp\left(-\frac{1}{2}t^2\right)dt \tag{3.42}$$

と，いつもの項目識別力パラメータ a_j と項目困難度パラメータ b_j を使って最終的に書き表されることになる．（3.42）式における θ についての分散 1 の仮定は，これが使われる際の被験者集団の実際の能力分布の形あるいはその分散値とは直接関係していない．（3.42）式の IRT モデルは各テスト項目 j とある潜在能力 θ の個々の 2 値反応についてのモデルであることには，なんらの変わりはない．

（3.38）式における ρ_j は潜在変数 Γ_j と潜在変数 θ の相関係数であるといえる．もちろんこの相関係数は直接には求まらない．この相関係数の代わりに 2 値項目反応 u_j とテスト通過率（あるいはテスト総得点）x の被験者集団における相関係数（point-biserial item-test correlation）を代値 ρ_{jx} とすると，項目識別力パラメータ値は

$$a_j\cong\frac{\rho_{jx}}{\sqrt{1-\rho_{jx}^2}} \tag{3.43}$$

と計算される．（3.43）式は，項目識別力パラメータの初期値を計算するために，BILOG-MG などの IRT 解析プログラムに実際に応用されている．

テスト理論の分野でバイブルのごとく扱われている書物が Lord & Novick (1968) が編著した "Statistical Theories of Mental Test Scores" である．題名のとおり，テスト得点についての統計的モデルについて書かれている本である．残念ながらその日本語訳はいまだ出版されていない．Lord & Novick (1968) の業績はテスト得点についての古典的分析についての統計的基盤を与えることであった．そしてこの本のもう一つの歴史的意義をあげるなら，Birnbaum (1968) の "Some latent trait models and their use in inferring an examinee's ability" というテスト項目の 2 項反応についてのモデル（IRT モデル）に関する論文をその一章として挿入したことであった．いわば Lord &

Novick はこの本によって古典的テスト理論と現代的テスト理論の橋渡しをした．

Birnbaum (1968) で述べられているロジスティック分布の分布関数を用いた正規累積モデルの次の近似が，IRT モデルが広く知られるきっかけを作った：

$$\int_{-\infty}^{a_j(\theta-b_j)} \frac{1}{\sqrt{2\pi}} \exp\left(-\frac{1}{2}t^2\right) dt \approx \frac{\exp[Da_j(\theta-b_j)]}{1+\exp[Da_j(\theta-b_j)]} \qquad (3.44)$$

(3.44) 式で D は尺度因子であり，$D=1.7$ のときに θ 全域にわたり，2 つの関数の違いが 0.01 以下になることが知られている．しかし，もともと項目パラメータの尺度因子は固定されていない．尺度因子 $D=1.7$ を用いなくとも，パラメータ値全体の尺度が変わるだけで特別な支障はない．やっかいな積分計算を必要とする正規累積モデルを使う特別な理由がないため，現在では IRT モデルといえばロジスティックモデルを主に指すようになった．それに従い尺度因子 $D=1.0$ がよく使われモデルから省略されるようになった．しかし複数の項目パラメータのセットを比較する際にその尺度因子の違いが見落とされやすい．尺度因子の確認は，項目パラメータのキャリブレーションの際にはいつも行っておくべきである．

サーストン系 IRT モデルの分類はそれが含む項目パラメータの数でなされる．IRT モデルは，被験者 i がテスト項目 j に正解する確率を数学モデルに表したものであるが，その中で最も単純な関数のモデルはラッシュモデルあるいは 1PL モデルである．(3.1) 式で表されたようにこのモデルには被験者の学力などを表す潜在能力パラメータである θ とテスト項目の困難度のパラメータである b 以外は含まれていない．被験者のテスト項目に対する正解確率はこの 2 つの要素のみで決まるという仮定がなされている．しかし 2 人の被験者の近接した学力レベルを，どのくらいの精度で識別できるのかも項目の大切な要素であるという考えもある．この項目特性をパラメータにしたものを項目識別力と呼び，通常 a で表す．a の閾値は正である．これら項目の困難度と識別度を含む IRT モデルを，2PL モデルと呼ぶ．項目の識別度はその ICC の傾斜度で表される．同じ隔たりをもった 2 人の能力値の間の違いは，傾斜あるいは識別度が高ければ高いほど，その正解確率の違いに敏感に反映する．2PL モデ

ルは

$$P_j(\theta_i) = \frac{\exp[a_j(\theta_i - b_j)]}{1 + \exp[a_j(\theta_i - b_j)]} \quad (3.45)$$

と表される．さらに被験者の能力と関係なく，正解答が得られるチャンスをモデルに含むことがある．これは被験者が多肢選択型の問題に際して，でたらめに選んだ選択肢が正解答であったような状況での正解確率を表すのに適している．したがってこれを擬似チャンスレベル（pseudochance level），あるいは当て推量パラメータ（guessing parameter）と呼ぶ．このパラメータ g は ICC の下方漸近線であり，正解確率における修正項である．この修正は θ が低い被験者により有効である．g の値はふつう 0.5 を超えない．これを 3 番目のパラメータとして含む IRT モデルを 3PL モデルと呼び，次のように与えられる：

$$P_j(\theta_i) = g_j + (1 - g_j) \frac{\exp[a_j(\theta_i - b_j)]}{1 + \exp[a_j(\theta_i - b_j)]} \quad (3.46)$$

当て推量パラメータは，被験者が推量して答えたその答えが偶然正解である確率を表すから，能力レベルに合った困難度の項目のみを答えればよいコンピュータ適応型テスト（computer-adaptive testing, CAT）では，3PL モデルにおける当て推量パラメータはモデルに含む必要はないかもしれない．3PL モデルの CAT での応用は注意を要する．

　(3.44)，(3.45)，(3.46) 式に含まれるパラメータ θ は学力や能力などの直接見ることのできない被験者の心理的変数で，潜在特性（latent trait）と呼ぶ．学力を総得点で表す場合，その閾値は限定されるが，潜在特性パラメータ θ がとりうる閾値は $-\infty < \theta < \infty$ である．したがって，テスト等化（test equating）などをすることによって，あらゆる困難度をもつ項目群を同一 θ 尺度上に理論上布置することができる．また同一尺度で表された項目パラメータを基に被験者の学力を算出すれば，同じテスト項目を回答しなくとも，もしその項目のパラメータ値が同一尺度上に布置されているのなら被験者の学力を比較することが可能となる．これは IRT モデル応用の大きな利点の一つである．

　図 3.4 に 4 つの項目の ICC を例としてプロットした．それらの項目特性パラメータの値は表 3.5 に示した．項目困難度パラメータは項目正解確率 0.5 か

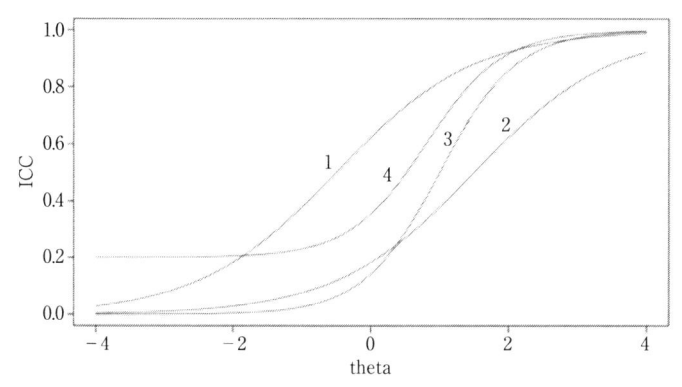

図 3.4 項目特性曲線：4 例の項目

表 3.5 4 例の項目特性パラメータ値

	項目特性パラメータ		
	困難度	識別度	当て推量
	b	a	g
項目 1	-0.5	1.0	0.0
項目 2	1.5	1.0	0.0
項目 3	1.0	1.8	0.0
項目 4	0.8	1.8	0.2

ら X 軸と平行な線を引き，その平行線と ICC の交点の θ 尺度の位置として求めることができる．

項目困難度 b は θ 尺度上の ICC の位置を表す．ICC1 で表された項目 1 の困難度は -0.5 で，ICC2 で表された項目 2 の困難度は 1.5 である．それぞれの b の値は，その正解確率が半々 ($P(\theta)=0.5$) の場合の θ 尺度上の値である．θ 値が高くなるほど高い学力とすると，項目 2 に正解するためには項目 1 に比べて（あるいはその正解確率を比べると），より高い学力が必要である．したがって項目 2 は項目 1 に比べ，より難しい問題であるといえる．またそれぞれの問題項目にとって，学力が増せば，その正解確率は増えていく．この単調増加の勾配が最も顕著なのは，$\theta=b$ の辺りである．またその点において，正解確率のための ICC が不正解確率 ($Q(\theta)=1-P(\theta)$) と交差する．

学力が増せば，テスト項目の正解確率が増えていくから，項目識別度の閾値

は正値 ($a>0$) である．パラメータ a は，その単調増加関数 ICC の傾斜の度合いを表す．項目識別度 $a=1.8$ をもつ項目 3 と $a=1.0$ の項目 2 を比べると，識別度が高ければ高いほど，同じ隔たりをもった 2 人の能力値の間の違いが，その正解確率の違いに敏感に反映する．

パラメータ g は，前に述べたように被験者が多肢選択型の問題において推量して答えたその解答が偶然正解である確率を表す ($g \le 0.5$)．図 3.4 の項目 4 の ICC にみられるように，このパラメータは ICC の下方漸近線となっている．

3PL モデルのパラメータ g は，学力テスト項目が多肢選択形式であった場合，被験者がそれら複数の選択肢の中から，ランダムに 1 つ選んだとき，その選択肢がたまたま偶然に正解であった場合の確率を表す．多数の選択肢のそれぞれ，そのまことしやかさの度合いが異なるので，g_j の値がいつもその項目の選択肢の数の逆数であるとは限らない．池田 (1994) は経験的にその値は選択肢数分の 1 よりやや低い値に近づくことを指摘している．またその値は，必ずしも単調に漸近線に接近するのではなく，一時 g_j の値よりもさらに低い値に下がって，再び上がってくることも多くみられる．その現象は，その付近の θ の人はまったく当てずっぽうに答えているわけではなく，誤った選択肢を正解と考えて選択している人が多いためと考えられる (池田，1994)．

当て推量パラメータの特徴は

$$Z_j(\theta) = Da_j(\theta - b_j) = \log\left[\frac{P_j - g_j}{1 - P_j}\right] \quad (3.47)$$

と表されるように，正解確率についての修正項であり，傾き a_j や困難度 b_j のように，潜在特性尺度の次元における母数ではないということである．このモデルにおいて $\theta = b_j$ における正解確率は 0.5 ではなく $(1+c_j)/2$ となり，また $\theta = b_j$ の点に ICC の傾きは $(D/4)a_j(1-c_j)$ で，最大となる．

Lord は 3PL モデルが SAT (アメリカの大学進学適性試験) のような大規模テストデータによく適合することから，このモデルを強く推奨した．実際，彼の IRT に関する論文のほとんどはこの 3PL モデルに関連している．しかし，すべての研究者が多肢選択式のテスト項目データの分析に 3PL モデルを自動的に選択することに賛同しているわけではない．McKinley & Reckase (1980) はアイオワテスト (Iowa Tests of Educational Development) のデー

タを分析した結果，50項目のうち8項目しか3PLモデルが必要なケースがなかったと報告している．筆者自身の経験では，このg_jパラメータの推定が一番難しい．安定したg_jパラメータの推定値は多数の被験者を必要とする．推量パラメータg_jが正確に推定できない場合は，傾きa_jや困難度b_jのパラメータ推定値にももちろんそれは影響する．不安定な3PLモデルのパラメータの最終推定値を用いるより，この母数を含まない2PLモデルがある程度項目反応データに適合するなら，3PLモデルを使う必要はないと思う．多肢選択式のテスト項目データであるという理由だけで，3PLモデルを自動的に適合すべきであるとは思っていない．さらに，先に述べたようにすべての被験者にとって同じ推量パラメータが適用されるというのも，3PLモデルはモデル構築の面で改善の余地があると思う．

　3PLモデルは2PLモデルと同じようなロジスティックであると厳密にいえない（Baker & Kim, 2004）という指摘もある．その意味において，2PLモデルは3PLモデルの下位モデルであるとはいえないかもしれない．

　池田（1994）は上方漸近値を示すパラメータd_jを含むIRTモデルを紹介している：

$$P_j(\theta) = g_j + (d_j - g_j)\Psi[Da_j(\theta - b_j)] \tag{3.48}$$

この母数d_jは（不）注意水準の指標で，能力の高い人でも，不注意や思い違いで，すべての人が完全に正解に至らない項目のため，$d_j > 1.0$でも可能なモデルとして考案された．被験者からの原因のほかに，設問指示のあいまいさによっても，$d_j > 1.0$の場合がありうるだろうが，その場合はテストデータとしてもともと不完全であり分析に値しないであろう．またすべての項目にこのモデルをあてはめようとした応用例はあまり考えつかない．池田（1994）が指摘するように，実際に用いられたケースは稀有である．

　上に述べたg_jやd_jなどのようなパラメータの数を増やすことで，原則，モデルの適合度はよくなる．しかしそれがモデル選択の唯一の基準ではない．複雑なモデルをデータにあてはめようとするということは，そのモデルが表現しているパラメータ間の関係をそのまま受け入れるということである．いうならば，より制約された仮定を承認することである．モデル選択に関しては，いろいろな面を考慮し，選択し，決断できる専門的知識が必要である．

3.3 項目情報関数とテスト情報関数

項目情報関数(item information function)は潜在特性値 θ の関数であり,潜在特性尺度の異なったレベルに対応するテストの項目の測定精度についての情報を与える.テスト冊子を編集する際,被験者集団の能力のレベルにあった項目を選択するための便利な指標となる.

テスト項目 j の項目情報関数 $I_j(\theta)$ は

$$I_j(\theta) = \frac{P_j'^2(\theta)}{P_j(\theta)Q_j(\theta)} \tag{3.49}$$

と表される.ここで $P_j'(\theta)$ は θ についての $P_j(\theta)$ の導関数である.これまで述べてきたロジスティック1次元2値反応モデルの項目情報関数を表3.6にあげる.また表3.5で与えられている4テスト項目の項目情報関数を例として図3.5にプロットした.$P_j(\theta)$ の導関数 $P_j'(\theta)$ が表3.6にあげたようにシンプルな形になるのは,そのモデルがロジスティックであるからである.導関数はモデルパラメータ推定に使われる.推定式が簡単になるのも,ロジスティックのIRTモデルがよく使われる理由の一つである.

情報量は加算可能である.テスト項目の項目情報量を合計すると,そのテスト全体の情報量となる.すなわち

$$I(\theta) = -E\left[\frac{\partial^2 \ln L(\mathbf{u}|\theta)}{\partial \theta^2}\right] = \sum_{j=1}^{n} \frac{P_j'^2(\theta)}{P_j(\theta)Q_j(\theta)} \tag{3.50}$$

と与えられる.ここで $\ln L$ は対数変換した尤度関数(likelihood function)である.2値反応モデルの場合,対数尤度関数 $\ln L$ は

$$\ln L(\mathbf{u}|\theta) = \sum_{j=1}^{n} [u_j \ln P_j(\theta) + (1-u_j) \ln Q_j(\theta)] \tag{3.51}$$

表 3.6 1PL, 2PL, と 3PL の項目情報関数 (Hambleton & Swaminathan, 1985, p.91)

	P_j'	$\sum_j P_j'/P_j Q_j$
1PL IRT モデル	$DP_j Q_j$	$\sum_j D^2 P_j Q_j$
2PL IRT モデル	$Da_j P_j Q_j$	$\sum_j D^2 a_j^2 P_j Q_j$
3PL IRT モデル	$Da_j Q_j (P_j - c_j)/(1 - c_j)$	$\sum_j D^2 a_j^2 Q_j (P_j - c_j)^2 / (1 - c_j)^2 P_j$

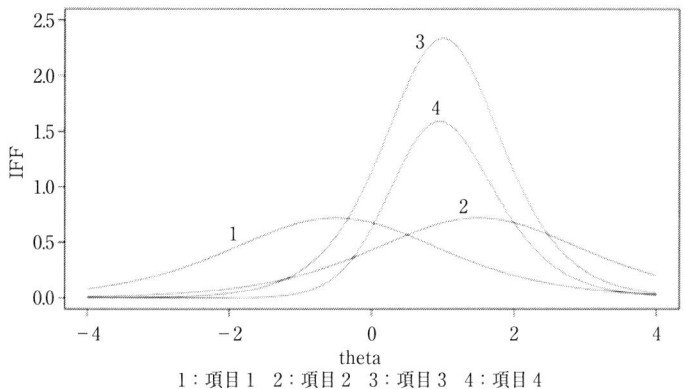

3.3 項目情報関数とテスト情報関数

図3.5 項目情報関数：4例の項目

と表される.

能力パラメータ θ における情報関数値の逆数はその最大尤度法による推定値 $\hat{\theta}$ の分散の漸近値である：

$$V(\hat{\theta}|\theta)=[I(\theta)]^{-1} \tag{3.52}$$

したがって，θ の $(1-\alpha)$ パーセンタイル値の範囲は

$$\hat{\theta}-z_{\alpha/2}[I(\hat{\theta})]^{-1/2}\leq\theta\leq\hat{\theta}+z_{\alpha/2}[I(\hat{\theta})]^{-1/2} \tag{3.53}$$

と表される．ここで $z_{\alpha/2}$ は正規分布における上部 $(1/2)\alpha$ パーセンタイル値，$[I(\hat{\theta})]^{-1/2}$ はパラメータ θ の最尤推定値の標準誤差である．

尤度関数については第7章で詳しく述べる．表3.5で与えられている4テスト項目の項目情報関数を合計して，その項目セットの情報関数をテスト情報関数の例として図3.6にプロットした．

(3.50) 式で明らかなようにテスト情報量は項目反応パターン **u** によらない．つまり項目パラメータさえ与えられれば，そのテストに対する項目反応データと関係なくテスト全体の情報量が計算できる．したがって最も精度よく測定したい特性値 θ の範囲が与えられている場合，テスト冊子全体の情報量を基に，その冊子に含まれるテスト項目を調整しながら，その範囲に最もふさわしいテストを編集できる．

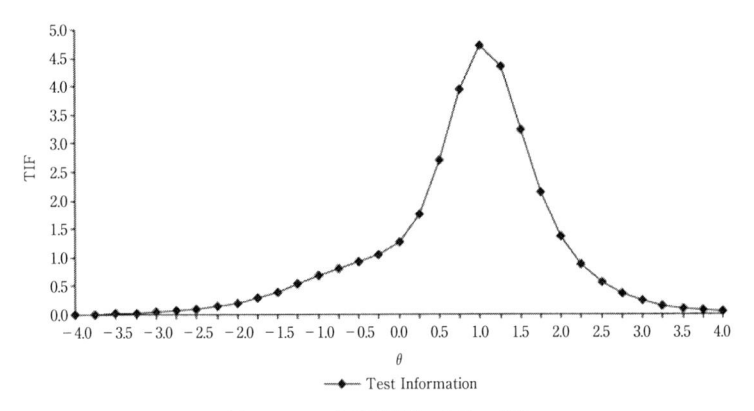

図 3.6 テスト情報関数：4 例の項目

　テスト編集における IRT の応用例とともに，この情報量の計算はコンピュータ版テスト（computer-based testing, CBT），特にコンピュータ適応型テスト（CAT）では重要な役割を果たす．CAT セッションで n 番目のテスト項目を項目プールから選出する場合，それまでの長さ $n-1$ 個の反応のベクトル $\mathbf{u}$ を基に推定された能力特性値 $\hat{\theta}_i$ を（3.49）式に代入して計算した情報量が最大となるテスト項目を選ぶが，これを最大情報規準（maximum information criterion）と呼ぶ．情報関数のテスト編集における応用については Hambleton, & Swaminathan（1985）が詳しい．

3.4　ラッシュ系 IRT モデルとサーストン系 IRT モデルとの比較

　毒性の強度を測る生物検定法（bioassay）にも（3.32）式の正規累積 IRT モデルに似たノーミットモデル（normit model）などに代表されるモデルが使われている．3PL モデルにおける下方漸近線 g_j に対応するパラメータが自然致死（natural mortality）を表す修正項として，毒性の強度と無関係に自然に検体が死亡する確率を表すパラメータとしてその生物検定モデルに使われている．精神物理測定法や生物検定法などの測定理論とサーストン系 IRT モデルの歴史的共通性がここにもみえている．

　IRT モデルはテストデータの解析ツールとして使われている．解析モデ

3.4 ラッシュ系 IRT モデルとサーストン系 IRT モデルとの比較

のパラメータ数を増せば増すほどモデル適合度はよくなる．したがってラッシュモデルで不適合と判断された項目でも，2PL モデルあるいは 3PL モデルでは適合することはありえる．しかしその逆はありえない．反対に項目パラメータの数が少なければ少ないほど利用性は高まる．複雑すぎるモデルは実用性が低いのである．1PL モデルに固執することなく，適合度統計量とモデルにおけるパラメータの簡潔性（parsimonious）の両方を考えながらモデルを選択することが常道であろう．

1PL を 2PL や 3PL を含む一般 IRT モデルの一つとしてみなすとき，よく問題にされるのが，1PL 以外のモデルにおいての，パラメータの非分離性（non-separability）の問題である．つまり，項目パラメータは被験者の能力の影響を受けず，能力パラメータもたまたまそれを測っている項目のパラメータの影響を受けないというラッシュモデルのパラメータ推定における独立性が保てないのではないかということである．しかし IRT のパラメータ推定値はそれほどの普遍性を保持すべきであるとは，筆者自身考えていない．またその数値が不変であるとは毛頭思わない．IRT を各項目における正解確率の被験者の潜在能力 θ への非線形回帰曲線であると考えるとき，回帰分析における回帰係数がデータ収集の条件によってある程度の普遍性をもつ程度に，IRT の項目パラメータ推定値は普遍であり独立性をもつなら，それで十分である．とにかく IRT のパラメータ推定作業は 1 回やればその推定値は不変であるとは，考えるべきではない．むしろ項目パラメータ値が不変であるという確証がある場合や，あるいは不変であることを仮定としてのみ得られる利点がある場合以外は項目パラメータのカリブレーションは不断に行うべきであると考える．ラッシュモデルの支持者が唱える項目パラメータ値の普遍性，不変性，そして独立性は過度の神話である．

パラメータ推定における分離性から，ラッシュモデルの項目パラメータと能力パラメータが 1 次元の尺度に同時に表せることを，前章で強調した．確かにこの項目と能力の 1 次元性はラッシュモデルの特殊性であり，また重要な利点である．しかしこの項目と能力の同一尺度性の利点が，2PL モデルや 3PL モデルがもつ分析の広範な可能性を上回るとは思わない．通常の IRT 応用例では，セットになった項目を共通に使いながら，複数の被験者集団の能力を推定

していくことが多い．そのようなとき，せいぜい百単位の数の項目と何万人からなる被験者のパラメータを同一尺度で表さなければならない応用例などほとんどありえない．そのように項目パラメータ推定値と能力パラメータ推定値では，その利用方法が異なる．ラッシュモデルがその独自な1次元性の利点を発揮できる応用例はむしろ限られていると思われる．

ラッシュモデルにおいて，ICCはすべて平行でそれらは交差しない．2PLモデルや3PLモデルでは，項目識別度パラメータがその傾斜を表すので，その違いにおいてICCが互いに交差する場合が出てくる．たとえば2つのICCが交差するとき，能力の低い被験者にとってやさしい方の項目が，能力の高い被験者にとっては，かえってより難しくなるということが起きてくる．つまりθ尺度上における項目困難度の一貫性が保持できないという問題である．実際に使われている項目においては，それらの項目識別度あるいは項目信頼度は不均等（heterogeneity）であるのが通常である．ICCが交差するのは，この不均等から自動的に結果として出てくる数学的現象である．ICCが交差するから難易度がいつも逆転するとは限らない．ICCは確率的曲線である．またそれには誤差がつきまとう．ある識別度をもつ項目のICCに交差して，より低い識別度をもつ項目は，単にその項目の信頼度が低く，反応の一貫性が弱まっているという現実をむしろよく反映しているといえる．また潜在能力θ尺度を決定するのは，項目のセットである．識別度における異質な複数の項目で決定されるθ尺度と同質な項目のみで決定されるθ尺度の違いという観点からこの問題は追求されるべきである．あらかじめ与えられたθ尺度上で，たった2つの項目のICCの交差についての議論は現実的ではない．筆者としてはIRTがもつ個別の項目の特徴の表現の可能性をまず考慮すべきであるという意見である．

IRTモデルを利用する便利性はいかによく個々の項目の特質を把握するかということにある．複雑なモデルを当てはめれば，その特質をより多く把握することができる．しかしモデルが複雑すぎると，その広範な利用が困難になる．筆者は項目の信頼度は難易度と同じくらい重要であり，少なくともこれに対応するパラメータをモデルに含むべきだと思う．その点において2PLモデルを推奨する．

ラッシュモデル支持者は，また信頼度が等しい項目のみをテストに用いれば

いいと考える．そういうテストが有効な場合にはむろん賛成である．しかし識別度が高すぎるか低すぎる項目を除外して，識別度に関して均一度の高いテストを構築するためにも2PLモデルをあてはめることから始めるのが常道である．しかし何度もいうが，そのような項目識別度パラメータ値が均質のテスト項目だけ集めてテストを作る必要性はあまり感じないし，また一般に使われているテストの項目がその識別度において均一であると考えてしまうのは現実的ではないと思う．ICCが交差するから，2PLモデルは納得できないという立場は，ICCが確率曲線であり，それらが誤差をもつということを考慮していないし，θ尺度はいつも複数の項目によって決定されるという事実を忘れている．テストに含まれる項目すべてが，その信頼性において均質（homogeneity）であるべきだとの主張に対しては，そのようなテストが望ましい場合もあるが，そうである必要性のない場合の方が多いと反論したい．テスト構築に用いられるIRTに関しては，項目信頼度が不均等な項目を積極的に活用して構成されるCBTの実例をあげたいし，テストデータ解析のツールとしてのIRT利用に関しては，それら不均等な項目信頼度がテストの項目の多次元性を反映しているとすれば，ラッシュモデルのみのテスト分析はその多次元性を見落としてしまうことになると強調したい．

これまで紹介してきたラッシュモデルにおいては，項目応答の正解確率の比が，ロジット尺度上における項目パラメータと被験者パラメータの距離に変換されていた．ということは，ラッシュモデルはロジスティック関数以外の表現はないということである．しかしロードやそのほかの多くの心理測定学者（Psychometrician）が提唱している2PLモデルや3PLモデルに関しては，そのロジスティック関数形のままはもちろんのこと，その正規累積モデル形（nomal ogive form）は現在でも学術誌などでは討議されており，また場合によってはその使用を推奨する専門家もいる．実際，正規分布は統計学のあらゆる場面で最も頻繁に使用される分布である．心理的現象の統計的表現への応用もその例外ではなかった．IRTモデルの歴史をさかのぼると，感覚刺激と心理現象を数学的モデルに結びつけようとした心理物理学（psychophysics），ノーミットモデルなどに代表される毒性の強度を測る生物検定法，あるいは発達心理学者ピアジェ（Piaget）やビネー（Binet）が確立しようとした知能の生

涯発達尺度など，正規分布を用いたさまざまな心理測定学的モデルの試みにたどりつく．サーストン系の IRT モデルはその理論的発展がそれらの心理尺度の理論的過程と連続している．サーストン系の一般的 IRT モデルは，ラッシュ系の IRT モデルとは，その発展の歴史や理論的背景を別としていることは忘れてはならない．

4

項目パラメータ推定法

　項目反応理論（IRT）モデルのような数理モデルを構成したのち，それらのモデルが含むパラメータをデータにより推定する必要がある．この章ではIRTモデルの項目パラメータ推定方法を説明する．

4.1　PROX 推定法

　第3章で紹介したラッシュモデル

$$P(u_{ij}|\theta_i,b_j) = \frac{\exp[u_{ij}(\theta_i-b_j)]}{1+\exp(\theta_i-b_j)} \tag{4.1}$$

は，能力 θ_i をもつ被験者 i が困難度 b_j をもつテスト項目 j に解答することによって得られる項目反応 u_{ij} が，正解ならば $u_{ij}=1$，不正解ならば $u_{ij}=0$ の2値のどちらかをとる確率を表している．このモデルにおいては項目反応 u_{ij} の分布は θ_i と b_j の2つのパラメータで決まる．全項目数が n のテストを N 人の被験者が解答して得られる項目反応データ行列（matrix）を $((u_{ij}))$ とすると，このデータ $((u_{ij}))$ についての尤度関数は局所（local independence）独立の仮定に従って

$$\begin{aligned}P[((u_{ij}))|(\theta_i),(b_j)] &= \prod_{i=1}^{N}\prod_{j=1}^{n}\left[\frac{\exp[u_{ij}(\theta_i-b_j)]}{1+\exp(\theta_i-b_j)}\right] \\ &= \frac{\exp\left(\sum_{i=1}^{N}t_i\theta_i - \sum_{j=1}^{n}s_jb_j\right)}{\prod_{i=1}^{N}\prod_{j=1}^{n}[1+\exp(\theta_i-b_j)]}\end{aligned} \tag{4.2}$$

となる．(4.2)式におけるデータ行列 $((u_{ij}))$ の周辺得点，すなわち被験者得点

（素点）$t_i\left(=\sum_{j=1}^{n} u_{ij}\right)$と項目得点$s_j\left(=\sum_{i=1}^{N} u_{ij}\right)$は，モデルパラメータ($\theta_i$)と($b_j$)の推定のための十分な情報を含んでいる．素点$t_i$と項目得点$s_j$は，各々のパラメータ$\theta_i$と$b_j$の推定のための十分統計量（sufficient statistics）と呼ばれる．

　局所独立の仮定は項目反応データから尤度関数を構築する際に用いられる基本的仮定である．局所独立とは各被験者の能力を考慮に入れた後，それぞれの被験者のテスト項目に対する各応答は統計的に独立であるということを意味する．この局所独立の仮定がIRTモデルにおいて成り立つゆえに，潜在能力θをもつ被験者が，たとえば項目1と項目2のどちらにも正解する確率はそれぞれの項目の正解確率の積となるのである．

　Wright & Stone（1979）は十分統計量t_iとs_jを用いて，直接，モデルパラメータ値θ_iとb_jを推定する方法をPROXと呼んだ．PROX推定法においては，能力パラメータ(θ_i)は平均μ_θと分散σ_θをもつ正規分布に従い，また困難度パラメータ(b_j)は平均μ_bと分散σ_bをもつ正規分布に従って分布すると前提される．すなわち

$$\theta_i \sim N(\mu_\theta, \sigma_\theta^2) \tag{4.3}$$

$$b_j \sim N(\mu_b, \sigma_b^2) \tag{4.4}$$

である．それぞれのパラメータが正規分布するという前提の下で，それらの推定値は

$$\hat{\theta}_i = \mu_b + S_b \ln\left(\frac{t_i}{n-t_i}\right) \tag{4.5}$$

$$\hat{b}_j = \mu_\theta + S_\theta \ln\left(\frac{N-s_j}{s_j}\right) \tag{4.6}$$

と計算される．(4.5)式の拡大乗数（expansion factor）S_bは，正規分布すると仮定されている項目パラメータb_jの分散σ_b^2を基に求めた能力パラメータのための尺度調整項（scale adjustment）であり，(4.6)式のS_θは，正規分布すると仮定されている能力パラメータθ_iの分散σ_θ^2を基に求めた項目困難度パラメータ尺度の調整項である．それら尺度調整項はそれぞれ

$$S_b = \sqrt{1+\left(\frac{\sigma_b}{1.7}\right)^2} \tag{4.7}$$

$$S_\theta = \sqrt{1+\left(\frac{\sigma_\theta}{1.7}\right)^2} \qquad (4.8)$$

と表せる．(4.7) 式と (4.8) 式に含まれている定数 1.7 は，正規分布における分散値をロジスティック分布上に再尺度化するために用いられている．またパラメータ推定値の標準誤差はそれぞれ

$$SE(\hat{\theta}_i) = S_b \sqrt{\frac{n}{t_i(n-t_i)}} \qquad (4.9)$$

$$SE(\bar{b}_j) = S_\theta \sqrt{\frac{N}{s_j(N-s_j)}} \qquad (4.10)$$

となる．

(4.6) 式に含まれる s_j と N の比を項目の通過率 $h_j(=s_j/N)$ と前回呼んだが，これは項目の正解率 (p-value) であるともいえる．したがって，ラッシュモデルの項目困難度パラメータ b_j は項目 j の正解率 h_j の 1 対 1 の対数変換値である：

$$\bar{b}_j = \mu_\theta + S_\theta \ln\left(\frac{1-h_j}{h_j}\right) \qquad (4.11)$$

(4.11) 式に明らかなように，項目正解率から項目困難度のロジット尺度に変換する際に，能力パラメータの分布の平均 μ_θ と分散 σ_θ^2 を用い尺度調整している．したがって，(4.11) 式によって得られたロジット尺度値 $\bar{b}_j$ は標本平均や分散から独立した等間隔尺度値である．これを項目パラメータ推定値の標本独立性と呼ぶ．ラッシュモデルにおいては，また能力パラメータは項目パラメータと対称的である．したがって，もし t_i と n の比を被験者 i の正解率 $p_i(=t_i/n)$ と呼ぶならば，パラメータ θ_i は被験者 i の正解率 p_i の対数変換値であり，かつその推定値 $\hat{\theta}_i$ は項目独立性を有する．

ラッシュモデルの能力パラメータ群と項目パラメータ群との間には原点に関して決定不可能性 (indeterminacy) が存在する．この決定不可能性を解消するための方法として，能力パラメータ群の平均を原点とする ($\mu_\theta=0$) か，あるいはテストの中心をゼロとする ($\mu_b=0$) かのどちらかの制約条件 (constraint) を選択することが考えられる．いま $\mu_b=0$ とおくと，(4.5) 式は

$$\hat{\theta}_i = \widehat{S}_b \ln\left(\frac{t_i}{n-t_i}\right) = \widehat{S}_b x_i \qquad (4.12)$$

となる．PROX 法によりパラメータ推定値を求めるためには，項目応答データから拡大乗数 S_b と S_θ を推定しなければならない．

(4.12) 式に用いられた拡大乗数 S_b の推定のために，まず被験者に関するロジット値 x_i の分散を求める：

$$\hat{\sigma}_x^2 = \frac{1}{N-1}\left(\sum_{i=1}^{N} x_i^2 - N\bar{x}\right) \tag{4.13}$$

同じように項目に関するロジット値 y_j

$$y_j = \ln\left(\frac{N-s_j}{s_j}\right) \tag{4.14}$$

の分散：

$$\hat{\sigma}_y^2 = \frac{1}{n-1}\left(\sum_{j=1}^{n} y_j^2 - n\bar{y}\right) \tag{4.15}$$

を求める．この2つのロジット分散を拡大乗数 S_b の推定値の計算に用いる：

$$\hat{S}_b = \sqrt{\frac{\left[1+\left(\frac{\hat{\sigma}_y}{1.7}\right)^2\right]}{1-\left(\frac{\hat{\sigma}_x}{1.7}\right)^2\left(\frac{\hat{\sigma}_y}{1.7}\right)^2}} \tag{4.16}$$

同じように推定値 $\hat{S}_\theta$ は

$$\hat{S}_\theta = \sqrt{\frac{\left[1+\left(\frac{\hat{\sigma}_x}{1.7}\right)^2\right]}{1-\left(\frac{\hat{\sigma}_x}{1.7}\right)^2\left(\frac{\hat{\sigma}_y}{1.7}\right)^2}} \tag{4.17}$$

と求まる．さらに項目困難度パラメータの推定値 $\hat{b}_j$ は

$$\hat{b}_j = \hat{\mu}_\theta + \hat{S}_\theta y_j = \hat{S}_\theta(y_j - \bar{y}) \tag{4.18}$$

と計算される．

　PROX パラメータ推定値は，卓上計算機などで計算できる．あるいはコンピュータプログラムを作成するにしても，それほど複雑ではない．それに全問正解あるいは不正解の被験者の能力パラメータ値や，全被験者が正解あるいは不正解の項目の困難度パラメータ値以外のパラメータ値のすべては，この推定法で計算できる．他の推定法にみられる推定プロセスの収束に関しての問題は

ない．PROX 法の実際の計算例は Wright & Stone（1979）に詳しい．しかし PROX は簡便推定法といっても，細かな計算が多く，かなりの労力が必要である．項目の数が増えたり，また被験者の数が多い場合は特に煩わしいし，また計算の過程で誤差が増える．また PROX 法には，能力パラメータと項目パラメータのどちらもが正規分布するという前提が必要であることも難点である．これらの理由により，パーソナルコンピュータによるパラメータ推定が普及した現在，PROX 法はあまり使われなくなった．しかしこの PROX 推定法を学ぶことはラッシュモデルをより深く理解する手だてとなる．

4.2　条件付き最尤推定法

条件付き最尤推定法（conditional maximum likelihood method estimation method, CML estimation method）はラッシュモデルのパラメータ値推定以外には使えないラッシュモデル特有の推定方法である．だからこそ，この推定方法を理解することは，ラッシュモデルの理論的な理解のためにおおいに役に立つ．CML 推定法を紹介するために（4.1）式で表されたラッシュモデルを少し変形してみる：

$$P(u_{ij}|\eta_i,\varepsilon_j) = \frac{(\eta_i\varepsilon_j)^{u_{ij}}}{1+\eta_i\varepsilon_j} \quad (4.19)$$

（4.19）式において2つのパラメータセット，(θ_i, b_j) と (η_i, ε_j) の関係は次のようになる：

$$\eta_i = e^{\theta_i} \quad (4.20)$$

$$\varepsilon_j = \frac{1}{e^{b_j}} \quad (4.21)$$

能力パラメータ η_i をもつ被験者 i が n 項目に解答した場合における応答データ (u_{ij}) の尤度関数は

$$P[(u_{ij})|\eta_i,(\varepsilon_j)] = \frac{\prod_{j=1}^{n} \eta_i^{u_{ij}} \varepsilon_j^{u_{ij}}}{\prod_{j=1}^{n}(1+\eta_i\varepsilon_j)}$$

$$= \frac{\eta_i^{t_i} \prod_{j=1}^{n} \varepsilon_j^{u_{ij}}}{d(\eta_i)} \quad (4.22)$$

となる.

　(4.22) 式を用いて,各素点の確率を計算してみる.まず素点が 0 の場合 ($t_i=0$) はその反応パターンは 1 通りしかなく,その確率は

$$P[t_i=0|\eta_i]=\frac{1}{d(\eta_i)} \quad (4.23)$$

となる.次に素点が 1 点の場合 ($t_i=1$),被験者 i は n 項目のどれか 1 つに正解し,その他の $n-1$ 個の項目に不正解となる.したがって反応パターンは次の n 通りとなる:

$$\begin{aligned}P[t_i=1|\eta_i,\varepsilon_1]&=\frac{\eta_i\varepsilon_1}{d(\eta_i)}\\ P[t_i=1|\eta_i,\varepsilon_2]&=\frac{\eta_i\varepsilon_2}{d(\eta_i)}\\ &\vdots\\ P[t_i=1|\eta_i,\varepsilon_n]&=\frac{\eta_i\varepsilon_n}{d(\eta_i)}\end{aligned} \quad (4.24)$$

したがって素点 1 点の確率は (4.24) 式で表された各反応パターンの確率の合計となるから

$$P[t_i=1|\eta_i]=\frac{\eta_i\sum_{j=1}^{n}\varepsilon_j}{d(\eta_i)} \quad (4.25)$$

と表される.素点が 2 点の場合 ($t_i=2$),被験者 i の n 項目に対する反応パターンは $\binom{n}{2}$ 通りである.素点 2 点の確率は,それら各反応パターンの確率の合計であるから,

$$P[t_i=2|\eta_i]=\frac{\eta_i^2(\varepsilon_1\varepsilon_2+\varepsilon_1\varepsilon_3+\cdots+\varepsilon_{n-1}\varepsilon_n)}{d(\eta_i)} \quad (4.26)$$

と表される.以上の例からもわかるように,素点 $t_i=k(k=0,1,2,...,n)$ である場合の項目反応パターンは $\binom{n}{k}$ 通りであり,その素点の確率は

$$P[t_i=k|\eta_i]=\frac{\eta_i^k\gamma_k}{d(\eta_i)} \quad (4.27)$$

と一般化できる.(4.27) 式に含まれる γ_k は基本対称関数 (elementary symmetric function）と呼ばれ

$$\gamma_k = (\varepsilon_1\varepsilon_2\varepsilon_3\cdots\varepsilon_k) + (\varepsilon_2\varepsilon_3\cdots\varepsilon_{k-1}) + \cdots + (\varepsilon_{n-k}\varepsilon_{n-k+1}\cdots\varepsilon_n)$$
$$= \sum_{(u_{ij})}^{k} \left(\prod_{j=1}^{n} \varepsilon_j^{u_{ij}} \right) \quad (4.28)$$

と表される.

素点 t_i は 0 点から n 点までの整数以外の値はとらない．それら各素点の確率の合計は，したがって

$$\sum_{k=0}^{n} P[t_i=k|\eta_i] = \sum_{k=0}^{n} \frac{\eta_i^k \gamma_k}{d(\eta_i)} = 1 \quad (4.29)$$

であるから，

$$\sum_{k=0}^{n} \eta_i^k \gamma_k = d(\eta_i) = \prod_{j=1}^{n} (1+\eta_i\varepsilon_j) \quad (4.30)$$

が導かれる.

被験者 i の素点 $t_i=k$ が与えられていて，その条件下における項目反応パターンの条件付き確率は，(4.22) 式と (1.27) 式から

$$P[(u_{ij})|t_i=k] = \frac{P[(u_{ij})|\eta_i,(\varepsilon_j)]}{P[t_i=k|\eta_i,(\varepsilon_j)]} = \frac{\prod_{j=1}^{n} \varepsilon_j^{u_{ij}}}{\gamma_k} = \frac{\prod_{j=1}^{n} \varepsilon_j^{u_{ij}}}{\sum_{(u_{ij})}^{k} \left(\prod_{j=1}^{n} \varepsilon_j^{u_{ij}} \right)} \quad (4.31)$$

となる．(4.31) 式の条件付き確率には，被験者 i の能力パラメータ η_i が含まれていない．これはラッシュモデルにおいて，素点 t_i が能力パラメータ η_i 推定のための十分統計量であるためなのだが，能力パラメータ η_i を含まないこの条件付き確率は，項目パラメータ推定のための尤度関数としては大変に便利である．このように CML 推定法は，項目パラメータの推定に使われる尤度関数に能力パラメータが含まれていないというラッシュモデルの特殊性を利用して項目パラメータを推定する方法である．だから，ラッシュモデルではない他の IRT モデルのパラメータ推定には直接には応用できない．

(4.31) 式をラッシュモデルの項目困難度パラメータ b_j を用いて書き直すと

$$P[(u_{ij})|t_i=k] = \frac{\exp\left(-\sum_{j=1}^{n} u_{ij}b_j\right)}{\gamma_k} = \frac{\exp\left(-\sum_{j=1}^{n} u_{ij}b_j\right)}{\gamma[t_i,(b_j)]} \quad (4.32)$$

となる．(4.32) 式の $\gamma[t_i,(b_j)]$ は，被験者 i の素点が $t_i=k$ であった場合に導き

出された基本対称関数である．

もし，N 被験者が n 個の項目に解答した場合，その項目反応データ行列 $((u_{ij}))$ の，N 被験者の各素点，$t_1, t_2, ..., t_N$ が与えられた条件下における条件付き確率は

$$P[((u_{ij}))|(t_i),(b_j)] = \frac{\exp\left(-\sum_{i=1}^{N}\sum_{j=1}^{n} u_{ij}b_j\right)}{\prod_{i=1}^{N} \gamma[(t_i),(b_j)]} \quad (4.33)$$

と表される．N 被験者をその素点でグループ分けし，各々の素点 k の頻度数を f_k とおくと，(4.33) 式の分母は次のように変形できる．

$$\prod_{i=1}^{N} \gamma[(t_i),(b_j)] = \prod_{k=0}^{n} \gamma[(k),(b_j)]^{f_k} \quad (4.34)$$

(4.34) 式の対称関数と項目総合点 $s_j \left(=\sum_{i=1}^{N} u_{ij}\right)$ を用いて (4.33) 式を書き直すと，

$$P[((u_{ij}))|(t_i),(b_j)] = \frac{\exp\left(-\sum_{j=1}^{n} s_j b_j\right)}{\prod_{k=0}^{n} \gamma[(k),(b_j)]^{f_k}} \quad (4.35)$$

となる．(4.35) 式の条件付き確率を項目パラメータ b_j 推定のための尤度関数とみなし，全問正解 ($k=0$)，全問不正解 ($k=n$) のケースを除外して ($1 \leq k \leq n-1$) から，それを対数変換すると，次の対数尤度関数（log-likelihood function）が得られる：

$$L = \log\{P[((u_{ij}))|(t_i),(b_j)]\} = -\sum_{j=1}^{n} s_j b_j - \sum_{k=1}^{n-1} f_k \log\{\gamma[(k),(b_j)]\} \quad (4.36)$$

この対数尤度関数を項目パラメータ b_j に関して偏微分すると，

$$\begin{aligned}
\frac{\partial L}{\partial b_j} &= -s_j - \sum_{k=1}^{n-1} f_k \frac{\partial}{\partial b_j} \log\{\gamma[(k),(b_j)]\} \\
&= -s_j - \sum_{k=1}^{n-1} f_k \frac{1}{\gamma[(k),(b_j)]} \frac{\partial \gamma[(k),(b_j)]}{\partial b_j}
\end{aligned} \quad (4.37)$$

となる．(4.37) 式に含まれる基本対称関数 $\gamma[k,(b_j)]$

$$\gamma[k,(b_j)] = \sum_{(u_{ij})}^{k} \exp\left(-\sum_{j=1}^{n} u_{ij}b_j\right) \quad (4.38)$$

に関して，項目 h ($j=h$) の項目困難度パラメータ b_h による偏微分は

$$\frac{\partial}{\partial b_h}\sum_{(u_{ij})}^{k}\exp\left(-\sum_{j=1}^{n}u_{ij}b_j\right)=-e^{-b_h}\sum_{(u_{ij})}^{k-1}\exp\left(-\sum_{\substack{j=1\\j\neq h}}^{n}u_{ij}b_j\right)$$
$$=-e^{-b_h}\gamma[k-1,b(h)] \qquad (4.39)$$

となる.これは,(4.39) 式において,項目 h の項目パラメータ b_h が関連している項 e^{b_h} のみが偏微分の対象となり,パラメータ b_h が $\exp\left(-\sum_{j=1}^{n}u_{ij}b_j\right)$ によって行われる和算から除かれてしまうからである.また素点 t_i が k から $k-1$ に変化するのは,この項目 h が素点の計算の際,除外されるためである.(4.39) 式に含まれる $b(h)$ は,全 n 項目のパラメータ群から b_h のみを除いた項目のセットを表している.したがって (4.37) 式の第 1 次偏微分は

$$\frac{\partial L}{\partial b_h}=-s_j+\frac{\sum_{k=1}^{n-1}f_k e^{-b_h}\gamma[k-1,b(h)]}{\gamma[(k),(b_j)]} \qquad (4.40)$$

と変形できる.

ニュートン・ラプソン法 (Newton-Raphson method) により項目パラメータを推定するためには対数尤度関数の項目パラメータ b_h に関する第 2 次偏微分も求める必要がある.基本対称関数の第 2 次偏微分はかなり複雑な式になる.興味のある読者は Baker & Kim (2004) を参照してほしい.

CML 推定法はこれまでみてきたように,かなり複雑な計算を行う.またこの推定法がラッシュモデルのパラメータ推定のみにしか応用できないことは,同一推定方法を用いてラッシュモデルと非ラッシュモデルのパラメータ推定値を比較するためには不便である.後に述べる同時最尤推定法や周辺最尤推定法などが,この CML 推定法より広く使われているのには,その理由が大きいであろう.にもかかわらず,CML 推定法および対称関数 (symmetric function) についてかなりのスペースを使って紹介したのは,ラッシュモデルの理論的展開に,基本対称関数についての理解が欠かせないからである.

4.3 同時最尤推定法

Birnbaum (1968) が正規累積モデルの近似として提示した 3 パラメータロジスティック IRT モデル (3 parameter logistic IRT model, 3PL IRM model)

は
$$P_j(\theta) = g_j + (1-g_j)\frac{\exp[Da_j(\theta-b_j)]}{1+\exp[Da_j(\theta-b_j)]} \qquad (4.41)$$

と表される．(4.41)式で$D=1.7$であるとき，θ全域にわたり，この関数と正規累積関数の違いが0.01以下になることが知られており，初期の頃には$D=1.7$として他のパラメータ値を推定していたが，その特定値を用いなくとも，パラメータ値全体の尺度が変わるだけで特別な支障はないため，現在では$D=1.0$として，モデルからその定数を取り除いて表している場合が多い．

モデルが1PLモデル，すなわちラッシュモデルの場合，CML推定法で項目パラメータあるいは被験者の能力パラメータが推定できることを示した．項目識別度パラメータa_jがモデルに含まれる，2あるいは3PL IRTモデルの場合は，項目困難パラメータの推定のための十分統計量に未知の項目識別度パラメータが含まれてしまうために，この推定法が使えない．そのようなモデルのパラメータの推定のためには，同時最尤推定法（joint maximum likelihood estimation method, JML estimation method）が用いられてきた．

総被験者数$N(i=1,2,...,N)$と総項目数$n(j=1,2,...,n)$の2値反応($u_{ij}=1$ or 0)データ行列($N\times n$)の確率は，次の尤度関数によって与えられる：

$$P(\mathbf{U}|\boldsymbol{\theta}) = \prod_{i=1}^{N}\prod_{j=1}^{n} P_j^{u_{ij}}(\theta_i) Q_j^{1-u_{ij}}(\theta_i) \qquad (4.42)$$

(4.42)式において$P_j(\theta_i)$は正解の項目特性曲線（ICC）の関数であり，$Q_j(\theta_i)$は不正解のICCの関数である．(4.42)式を対数変換すると

$$L = \log P(\mathbf{U}|\boldsymbol{\theta}) = \sum_{i=1}^{N}\sum_{j=1}^{n}[u_{ij}\log P_j(\theta_i) + (1-u_{ij})Q_j(\theta_i)] \qquad (4.43)$$

という対数尤度関数が得られる．この対数尤度関数をそれぞれのパラメータに関して偏微分を行い，3PLモデルだったら，それら$(3n+N)$個の式を0とおいて，それらの式が同時に成り立つ解を求めれば，それらがJML推定法によるパラメータの推定値となる．しかし項目困難度パラメータb_jを求めるより，ロジット

$$Z_j(\theta_i) = a_j(\theta_i - b_j) = a_j\theta_i + c_j \qquad (4.44)$$

における切片（intercept）$c_j(=-a_jb_j)$と項目識別度パラメータa_jを求め，それらの値を基に項目困難度パラメータ$b_j(=-c_j/a_j)$を計算する方が，推定プロ

セスはより安定する．実際 BILOG-MG は切片 c_j と項目識別力 a_j の推定値を求めてから，それらを基に項目困難度 b_j を計算している．

(4.43) 式の対数尤度関数を項目パラメータ $\xi_j (=a_j, c_j, \text{or } g_j)$ に関して偏微分すると

$$\begin{aligned}\frac{\partial L}{\partial \xi_j} &= \sum_{i=1}^{N} u_{ij} \frac{1}{P_j(\theta_i)} \frac{\partial P_j(\theta_i)}{\partial \xi_j} + \sum_{i=1}^{N} (1-u_{ij}) \frac{1}{Q_j(\theta_i)} \\ &= \sum_{i=1}^{N} \frac{u_{ij}-P_j(\theta_i)}{P_j(\theta_i) Q_j(\theta_i)} \frac{\partial P_j(\theta_i)}{\partial \xi_j}\end{aligned} \quad (4.45)$$

(4.45) 式における偏微分 $\partial P_j(\theta_i)/\partial \xi_j$ はそれぞれ

$$\begin{aligned}\frac{\partial P_j(\theta_i)}{\partial a_j} &= (1-g_j) P_j^*(\theta_i) Q_j^*(\theta_i) \frac{\partial Z_j(\theta_i)}{\partial a_j} \\ &= (1-g_j) P_j^*(\theta_i) Q_j^*(\theta_i) \theta_i\end{aligned} \quad (4.46)$$

$$\begin{aligned}\frac{\partial P_j(\theta_i)}{\partial c_j} &= (1-g_j) P_j^*(\theta_i) Q_j^*(\theta_i) \frac{\partial Z_j(\theta_i)}{\partial c_j} \\ &= (1-g_j) P_j^*(\theta_i) Q_j^*(\theta_i)\end{aligned} \quad (4.47)$$

$$\frac{\partial P_j(\theta_i)}{\partial g_j} = 1 - P_j^*(\theta_i) \quad (4.48)$$

(4.46)，(4.47)，(4.48) 式の $P_j^*(\theta_i)$ および $Q_j^*(\theta_i)$ は 3PL モデルのうちの 2PL の部分である．すなわち

$$P_j^*(\theta) = \frac{P_j(\theta) - g_j}{1 - g_j} = \frac{\exp[a_j(\theta - b_j)]}{1 + \exp[a_j(\theta - b_j)]} \quad (4.49)$$

$$Q_j^*(\theta) = \frac{Q_j(\theta)}{1 - g_j} = \frac{1}{1 + \exp[a_j(\theta - b_j)]} \quad (4.50)$$

(4.45) 式に含まれる偏微分

$$\frac{\partial P_j(\theta_i)}{\partial \xi_j} = (1-g_j) \frac{\partial P_j^*(\theta_i)}{\partial Z_j(\theta_i)} \frac{\partial Z_j(\theta_i)}{\partial \xi_j} \quad (4.51)$$

のなかの $P_j^*(\theta_i)$ のロジット $Z_j(\theta_i)$ に関する導関数が

$$\frac{\partial P_j^*(\theta_i)}{\partial Z_j(\theta_i)} = P_j^*(\theta_i) Q_j^*(\theta_i) \quad (4.52)$$

といった比較的計算しやすい結果になることも，ICC にロジスティック関数を用いる理由の一つである．もしこれが正規累積モデルであるとしたら，

$$\frac{\partial P_j^*(\theta_i)}{\partial Z_j(\theta_i)} = \frac{\partial}{\partial Z_j(\theta_i)} \left[\int_{-\infty}^{Z_j(\theta_i)} \frac{1}{\sqrt{2\pi}} e^{-t^2/2} dt \right]$$
$$= \frac{1}{\sqrt{2\pi}} e^{-Z_j^2(\theta_i)/2} [-Z_j(\theta)] \quad (4.53)$$

となり,結果としての数式の複雑さは,ロジスティック関数に比べかなり増す.第2次導関数はさらに複雑化する.

これまで導出した偏導関数を利用して,項目パラメータを推定する方法として,ニュートン・ラプソン法が使われている.その方法における更新式は

$$\hat{\xi}_{t+1} = \hat{\xi}_t - \mathbf{H}_t^{-1} \mathbf{v}_t \quad (4.54)$$

ここで ξ は項目パラメータを表す列ベクトル,$\mathbf{v}$ はこれまで求めてきた第1次偏導関数を要素とするベクトルで,t は計算の反復回数を表している.またこのニュートン・ラプソン更新式における対称行列 $\mathbf{H}$ を特にヘッセ行列(Hessian matrix)と呼び,その要素は項目パラメータの各々の組み合わせに関しての第2次偏微分となる.もし項目パラメータと能力パラメータとの間の共変動を無視でき,独立であるという仮定が成り立つなら,項目パラメータのセットと能力パラメータのセットは,別々に推定できる.この場合,(4.54)式の ξ と $\mathbf{v}$ のベクトルのサイズは 3PL モデルでは $3n$ であり,ヘッセ行列のサイズは $(3n \times 3n)$ である.

これまで導出してきた第1次偏導関数を用いて,ベクトル $\mathbf{v}$ の要素は

$$v_{a_j} = \frac{\partial L}{\partial a_j}$$
$$= \sum_{i=1}^{N} (1-g_j) \frac{P_j^*(\theta_i) Q_j^*(\theta_i)}{P_j(\theta_i) Q_j(\theta_i)} [u_{ij} - P_j(\theta_i)] \theta_i \quad (4.55)$$
$$= \sum_{i=1}^{N} (1-g_j) W_{ij} [u_{ij} - P_j(\theta_i)] \theta_i$$

$$v_{c_j} = \sum_{i=1}^{N} (1-g_j) W_{ij} [u_{ij} - P_j(\theta_i)] \quad (4.56)$$

$$v_{g_j} = \sum_{i=1}^{N} \frac{1}{P_j^*(\theta_i)} W_{ij} [u_{ij} - P_j(\theta_i)] \quad (4.57)$$

(4.55),(4.56),(4.57)式で用いられている W_{ij} は修正項のような働きをする.もし $g_j = 0$ あるいはモデルが 2PL ならば $W_{ij} = 1$ となる.さらにヘッセ行

列には次のような要素が含まれる：

$$\frac{\partial^2 L}{\partial a_j \partial a_{j'}},\ \frac{\partial^2 L}{\partial a_j \partial c_{j'}},\ \frac{\partial^2 L}{\partial a_j \partial g_{j'}},\ \frac{\partial^2 L}{\partial c_j \partial c_{j'}},\ \frac{\partial^2 L}{\partial c_j \partial g_{j'}},\ \frac{\partial^2 L}{\partial g_j \partial g_{j'}}$$

それぞれの第2次偏導関数の導出は豊田（2005）および Baker & Kim（2004）を参照してほしい．

（4.43）式の対数尤度関数を能力パラメータ θ_i に関して偏微分すると

$$\frac{\partial L}{\partial \theta_i} = \sum_{j=1}^{n} a_j P_j^*(\theta_i) \frac{u_{ij} - P_j(\theta_i)}{P_j(\theta_i)} \tag{4.58}$$

となる．第2次偏導関数は

$$\frac{\partial^2 L}{\partial \theta_i^2} = \sum_{j=1}^{n} a_j \left[\frac{\partial P_j^*(\theta_i)}{\partial \theta_i} \frac{u_{ij} - P_j(\theta_i)}{P_j(\theta_i)} + P_j^*(\theta_i) \frac{\partial}{\partial \theta_i} \frac{u_{ij} - P_j(\theta_i)}{P_j(\theta_i)} \right] \tag{4.59}$$

（4.59）式において

$$\frac{\partial P_j^*(\theta_i)}{\partial \theta_i} = a_j P_j^*(\theta_i) Q_j^*(\theta_i) \tag{4.60}$$

$$\frac{\partial}{\partial \theta_i} \frac{u_{ij} - P_j(\theta_i)}{P_j(\theta_i)} = \frac{-u_{ij} a_j (1 - g_j) P_j^*(\theta_i) Q_j^*(\theta_i)}{P_j^2(\theta_i)} \tag{4.61}$$

であるから，（4.59）式は

$$\frac{\partial^2 L}{\partial \theta_i^2} = \sum_{j=1}^{n} a_j^2 P_i^*(\theta_i) Q_i^*(\theta_i) \frac{u_{ij} g_j - P_j^2(\theta_i)}{P_j^2(\theta_i)} \tag{4.62}$$

となる．被験者を母集団からの無作為抽出とすると，被験者は互いに独立とみなせ，ニュートン・ラプソン法の更新式は

$$[\hat{\theta}_i]_{t+1} = [\hat{\theta}_i]_t - \left[\frac{\partial^2 L}{\partial \theta_i^2} \right]_t^{-1} \left[\frac{\partial L}{\partial \theta_i} \right]_t \tag{4.63}$$

となる．この更新式の各項はすべてスカラー値である．

JML 推定法は2段階の反復推定法で項目に関するパラメータ値のセットと被験者に関する能力パラメータ値のセットが推定される．第1段階では，被験者の能力パラメータが既知であると仮定して項目関連のパラメータを推定する．続く第2段階では，第1段階で推定された項目関連のパラメータを既知であると仮定し，それを用いて能力パラメータを再度推定する．これらの推定プロセスを段階的に交互に行い，それぞれのパラメータ推定値が収束するまで反復する．

第2次導関数の代わりにその期待値を用いる方法をフィッシャースコアリング法（Fisher's scoring method）と呼ぶ．(4.54) 式のヘッセ行列の要素は，フィッシャースコアリング法においては $E\left[\dfrac{\partial^2 L}{\partial \xi_j \partial \xi_{j'}}\right]$ となる．第2次導関数の期待値は豊田（2005）を参照してほしい．

(4.63) 式のニュートン・ラプソン法の更新式は，フィッシャースコアリング法において

$$[\hat{\theta}_i]_{t+1} = [\hat{\theta}_i]_t - \left[E\left(\dfrac{\partial^2 L}{\partial \theta_i^2}\right)\right]_t^{-1} \left[\dfrac{\partial L}{\partial \theta_i}\right]_t \qquad (4.64)$$

となり，項目関連のパラメータが既知である仮定の下で

$$E(u_{ij}) = P_j(\theta_i) \qquad (4.65)$$

であるから，

$$\begin{aligned}
E\left(\dfrac{\partial^2 L}{\partial \theta_i^2}\right) &= E\left(\sum_{j=1}^{n} a_j^2 P_j^*(\theta_i) Q_j^*(\theta_i) \dfrac{u_{ij} g_j - P_j^2(\theta_i)}{P_j^2(\theta_i)}\right) \\
&= \sum_{j=1}^{n} a_j^2 P_j^*(\theta_i) Q_j^*(\theta_i) \dfrac{g_j - P_j(\theta_i)}{P_j(\theta_i)} \\
&= -\sum_{j=1}^{n} a_j^2 P_j^{*2}(\theta_i) \dfrac{Q_j(\theta_i)}{P_j(\theta_i)}
\end{aligned} \qquad (4.66)$$

となる．

フィッシャースコアリング法を用いた場合，$\hat{\theta}_i$ の漸近的な標準誤差 $SE_{\hat{\theta}_i}$ は

$$SE_{\hat{\theta}_i} = \left[-E\left(\dfrac{\partial^2 L}{\partial \theta_i^2}\right)\right]^{-1/2} = \left(\sum_{j=1}^{n} a_j^2 P_j^{*2}(\theta_i) \dfrac{Q_j(\theta_i)}{P_j(\theta_i)}\right)^{-1/2} \qquad (4.67)$$

と計算される．もし $g_j = 0$ あるいはモデルが 2PL ならば (4.67) 式の標準誤差 $SE_{\hat{\theta}_i}$ は

$$SE_{\theta_i} = \left(\sum_{j=1}^{n} a_j^2 P_j(\theta_i) Q_j(\theta_i)\right)^{-1/2} \qquad (4.68)$$

となる．

JML 推定法における数値計算で，逆行列を求めることが一番手間のかかるプロセスである．コンピュータを用いても，この逆行列の計算にはそのサイズが大きくなればなるほどたいそうな時間がかかる．項目関連のパラメータ推定において，モデルが 3PL の場合，$(3n \times 3n)$ のヘッセ行列あるいは第2次導関

数の期待値行列の逆行列の計算を必要とする．各項目が独立であるとみなすことができれば，異なる項目間の第2次偏微分が0となり，項目ごとにニュートン・ラプソン法やフィッシャースコアリング法で推定を行えばよい．その場合，逆行列を求める前の行列のサイズは (3×3) でよい．

JML 推定法は一般的な IRT のパラメータ推定法としてよく使われてきた．しかしこの推定法には統計的な問題があることを Neyman & Scott (1948) は示した．JML 推定法に代わって周辺最尤推定法が現在最もよく使われているのは，そのためである．

4.4 周辺最尤推定法

通常サンプルの数が増えるに従い，それを基に計算されるパラメータの推定値は母数値に近づく．たとえばある集団の母平均値を求める際，そこからランダムサンプルで求めた平均統計値はそのサンプル数が増えるに従い母平均に近づく．このパラメータの推定値の性質を一致性 (consistency) という．

IRT の項目パラメータは，テストを実施する前にその数は定まっている．このようなパラメータを構造 (structure) パラメータという．一方，IRT において項目パラメータを求めるために能力パラメータ θ が必要である．その能力パラメータ θ は通常の場合は未知であり，データから推定されなければならない．構造パラメータである項目パラメータの推定精度を上げるためにより多くの被験者が必要であるが，しかしそれを増やすたびに未知の能力パラメータが増えていく．構造パラメータと比して，この能力パラメータを統計学的な意味で付随 (incidental) パラメータという．前節で紹介した JML 推定法は IRT モデルに含まれる構造パラメータと付随パラメータを同時に推定しようとする方法であるといえる．

Neyman & Scott (1948) は，付随パラメータと一緒に構造パラメータを推定しなければならない場合，その構造パラメータ推定値はサンプル数を増加しても一致推定量にはならないことを示した．これは 2PL モデルあるいは 3PL モデルなどに特有な問題ではない．ラッシュモデルのような 1PL モデルでも，JML 推定法でその項目と能力パラメータを一緒に推定しようとする場合に同

じように当てはまる問題である．前に紹介した CML 推定法は付随パラメータには十分統計量が存在するので，その推定値は一致推定量であり統計学的に問題はない．しかし CML 推定法はラッシュモデルではない IRT モデルには使えない．

　JML 推定法の一致統計量問題の解決策として，Bock & Lieberman（1970）は周辺最尤推定法（marginal maximum likelihood estimation method, MML estimation method）を提案した．MML 推定法において被験者集団の能力値は $g(\theta|\tau)$ という確率密度関数（probability density function）で表されている母集団分布（τ はその分布のパラメータを表すベクトルである）からのランダムサンプルであると仮定されている．MML 推定法では，能力パラメータをランダム効果（random effect）といい，項目パラメータを固定効果（fixed effect）と呼ぶこともある．MML 推定法は能力パラメータをランダム効果とみなし，その θ に関して積分することによって尤度関数から能力パラメータを除去し，その後構造パラメータである項目パラメータを推定する方法である．MML 推定法において直接推定対象でない能力パラメータを局外母数（nuisance parameter）と呼ぶことがあるのはその理由からである．

　被験者 i が総項目数 n ($j=1, 2, ..., n$) のテストに 2 値反応（$u_{ij}=1$ or 0）したときのデータベクトルを $\mathbf{u}_i$ とおくと，その確率は次の尤度関数で与えられる：

$$P(\mathbf{u}_i|\theta_i, \xi) = \prod_{j=1}^{n} P_j(\theta_i)^{u_{ij}} Q_j(\theta_i)^{1-u_{ij}} \quad (4.69)$$

この尤度関数における $P_j(\theta_i)$（あるいは $Q_j(\theta_i)=1-P_j(\theta_i)$）は項目反応モデルであり，ベクトル ξ はそのモデルに含まれる項目パラメータである．この尤度関数は被験者 i の能力パラメータ θ_i と項目パラメータ ξ が所与のときの項目反応データ $\mathbf{u}_i$ の条件付き確率である．ここでこの能力値が $g(\theta|\tau)$ と分布すると仮定する．これをベイズ統計理論（Bayesian statistical theory）において事前確率分布（prior probability distribution）と呼ぶ．(4.69) 式の尤度関数にこの事前能力分布をかけ，能力変数で積分すると，

$$P(\mathbf{u}_i) = \int P(\mathbf{u}_i|\theta_i, \xi) g(\theta_i|\tau) d\theta_i \quad (4.70)$$

という項目反応データ $\mathbf{u}_i$ の周辺確率（marginal probability）分布が得られる．

この周辺確率関数は積分により θ_i を尤度関数から取り去った周辺尤度関数（marginal likelihood function）とでも呼べるものである．

事前能力分布を仮定し，そして反応データ $\mathbf{u}_i$ が得られた後，ベイズ理論に従って次の事後確率分布（posterior probability distribution）を求めることができる：

$$P(\theta_i|\mathbf{u}_i, \tau, \xi) = \frac{P(\mathbf{u}_i|\theta_i, \xi)g(\theta_i|\tau)}{\int P(\mathbf{u}_i|\theta_i, \xi)g(\theta_i|\tau)d\theta_i} \tag{4.71}$$

Bock & Lieberman（1970）の MML 推定法では，項目パラメータの推定値は被験者 i の項目反応 $\mathbf{u}_i$ の尤度関数 $P(\mathbf{u}_i)$ を基にして求められる総被験者 $N(i=1, 2, ..., N)$ の項目反応データ行列 $\mathbf{U}$ の尤度関数 L

$$L = \prod_{i=1}^{N} P(\mathbf{u}_i) \tag{4.72}$$

を対数変換した後の尤度関数

$$\log L = \sum_{i=1}^{N} \log P(\mathbf{u}_i) \tag{4.73}$$

を，IRT 項目パラメータ $\xi_j(=a_j, b_j, \text{or } g_j)$ に関して偏微分をすることによって求められる．すなわち

$$\begin{aligned}
\frac{\partial}{\partial \xi_j} \log L &= \sum_{i=1}^{N} \frac{\partial}{\partial \xi_j} \log P(\mathbf{u}_i) \\
&= \sum_{i=1}^{N} [P(\mathbf{u}_i)]^{-1} \frac{\partial P(\mathbf{u}_i)}{\partial \xi_j} \\
&= \sum_{i=1}^{N} [P(\mathbf{u}_i)]^{-1} \frac{\partial}{\partial \xi_j} \left[\int P(\mathbf{u}_i|\theta, \xi) g(\theta|\tau) d\theta \right] \\
&= \sum_{i=1}^{N} [P(\mathbf{u}_i)]^{-1} \int \frac{\partial}{\partial \xi_j} [P(\mathbf{u}_i|\theta, \xi)] g(\theta|\tau) d\theta
\end{aligned} \tag{4.74}$$

となる．上（4.74）式では能力パラメータ θ からそのサブスクリプト i が落ちている．これは各被験者をランダム抽出されたサンプルとみなしているからである．また（4.74）式の最終行にある積分と偏微分の交換ついては Kendall & Stuart（1979）に詳しい．

（4.74）式に含まれている

$$\frac{\partial}{\partial \xi_j}[P(\mathbf{u}_i|\theta,\xi)] = \frac{\partial}{\partial \xi_j}[\log P(\mathbf{u}_i|\theta,\xi)]P(\mathbf{u}_i|\theta,\xi) \tag{4.75}$$

であるから，(4.74) 式は

$$
\begin{aligned}
\frac{\partial}{\partial \xi_j} \log L &= \sum_{i=1}^{N} [P(\mathbf{u}_i)]^{-1} \int \frac{\partial}{\partial \xi_j} [P(\mathbf{u}_i|\theta,\xi)] g(\theta|\tau) d\theta \\
&= \sum_{i=1}^{N} [P(\mathbf{u}_i)]^{-1} \int \frac{\partial}{\partial \xi_j} [\log P(\mathbf{u}_i|\theta,\xi)] P(\mathbf{u}_i|\theta,\xi) g(\theta|\tau) d\theta \\
&= \sum_{i=1}^{N} \int \frac{\partial}{\partial \xi_j} [\log P(\mathbf{u}_i|\theta,\xi)] \left[\frac{P(\mathbf{u}_i|\theta,\xi) g(\theta|\tau)}{P(\mathbf{u}_i)}\right] d\theta \\
&= \sum_{i=1}^{N} \int \frac{\partial}{\partial \xi_j} [\log P(\mathbf{u}_i|\theta,\xi)] P(\theta|\mathbf{u}_i,\xi,\tau) d\theta
\end{aligned}
\qquad (4.76)
$$

となる．(4.76) 式を基に，前節で紹介したニュートン・ラプソン更新式あるいはフィッシャースコアリング法のための計算式を構築していけばいい．

(4.76) 式の最終行には (4.71) 式で紹介した事後能力分布 $P(\theta|\mathbf{u}_i,\xi,\tau)$ が含まれている．実際，MML 推定法の関連式にはこの事後確率分布がたびたび現れる．次節で紹介する MML 推定法の発展方法にはこの事後確率分布が大きな役目を果たす．また (4.76) 式には項目パラメータ $\xi_j (= a_j, b_j, \text{or } g_j)$ に関しての偏微分式も含まれている：

$$
\begin{aligned}
\frac{\partial}{\partial \xi_j} [\log P(\mathbf{u}_i|\theta,\xi)] &= [P(\mathbf{u}_i|\theta,\xi)]^{-1} \frac{\partial}{\partial \xi_j} [P(\mathbf{u}_i|\theta,\xi)] \\
&= [P(\mathbf{u}_i|\theta,\xi)]^{-1} \frac{\partial}{\partial \xi_j} \left[\prod_{j=1}^{n} P_j(\theta_i)^{u_{ij}} Q_j(\theta_i)^{1-u_{ij}}\right] \\
&= [P(\mathbf{u}_i|\theta,\xi)]^{-1} \left[\prod_{h \neq j}^{n} P_j(\theta_i)^{u_{ij}} Q_j(\theta_i)^{1-u_{ij}}\right] \frac{\partial}{\partial \xi_j} [P_j(\theta_i)^{u_{ij}} Q_j(\theta_i)^{1-u_{ij}}]
\end{aligned}
\qquad (4.77)
$$

項目識別度パラメータ a_j，項目困難度パラメータ b_j，そして当て推量パラメータ g_j などの各々のパラメータに関する偏微分の計算式，最終的なニュートン・ラプソン更新式あるいはフィッシャースコアリング法に使われる各計算式はかなり複雑になるのでここでは述べない．興味のある読者は Baker & Kim（2004）に具体的な計算式があげられているので，参照してほしい．

MML 項目推定値は，JML 推定法と違い一致推定量である．しかし Bock & Lieberman（1970）の MML 推定法では，3PL モデルでは $(3n \times 3n)$，2PL モデルでは $(2n \times 2n)$ といったサイズの大きな逆行列（inverse matrix）を求めなければならないという大きな難点がある．この逆行列の数値計算は高速度のコン

ピュータでもかなりの計算時間が要求される．その上，通常の総項目数が100以上などというテストも珍しくないテストデータ解析では，Bock & Lieberman（1970）の MML 推定法は十分な解決にはならなかった．JML 推定法の一致推定量に関する統計学的問題を Bock & Lieberman は解決したが，テストデータ解析の実用における問題の解決は，Bock & Aitkin（1981）の EM アルゴリズム応用の MML 推定法の開発まで待たなければならなかったのである．

4.5 EM アルゴリズムを用いた周辺最尤推定法

前節において Bock & Lieberman（1970）の MML 推定法を紹介した．その際 Bock & Lieberman の MML 推定法に関連して紹介した事後確率分布が，Bock & Aitkin（1981）の MML 推定法に重要な役目を担っていると述べた．その事後確率分布は

$$P(\theta_i|\mathbf{u}_i,\tau,\xi) = \frac{P(\mathbf{u}_i|\theta_i,\xi)g(\theta_i|\tau)}{\int P(\mathbf{u}_i|\theta_i,\xi)g(\theta_i|\tau)d\theta_i} \tag{4.78}$$

と表せる．(4.78) 式における事前確率分布 $g(\theta_i|\tau)$ はパラメータベクトル τ をもつ θ_i の連続確率分布であるが，この事前連続確率分布を θ 軸上に複数（ここでは F 個とおく）のポイント（ノードと呼ぶ）で区切って，各ノード (node) $X_f(f=1, 2, ..., F)$ 上におけるヒストグラムのような重み（これを $A(X_f)$ と表す）を用いて近似計算をすることができる．θ の閾値は $(-\infty<\theta<\infty)$ であるが，事前分布が標準正規分布である仮定の下では，X_f の選択として閾値は $(-4.0\leq X\leq 4.0)$ が適当であろう．またノード数 F も最大 40 くらいで十分であろう．X 軸上を等間隔に区切ったノードを用いて近似計算をすることもできるが，正規分布は中央に厚く周辺に薄い山形分布であるため，等間隔で区切るより，エルミート・ガウス求積法（Hermite-Gauss quadrature）を用いて X_f を選定することがより効率的である．もしエルミート・ガウス求積法を用いて近似計算を行う場合，求積（quadrature）ノード X_f を用いて (4.78) 式の事後確率分布を近似計算すると

$$P(X_f|\mathbf{u}_i,\tau,\xi)=\frac{L(X_k)A(X_f)}{\sum_{f=1}^{F}L(X_k)A(X_f)} \quad (4.79)$$

と不連続確率分布として表せる．(4.79) 式における $L(X_k)$ は尤度関数 $P(\mathbf{u}_i|\theta_i,\xi)$ の近似計算式であり，

$$L(X_k)=\prod_{j=1}^{n}P_j(X_f)^{u_{ij}}Q_j(X_f)^{1-u_{ij}} \quad (4.80)$$

である．

(4.79) 式の事後確率分布を用いて各ノード上における期待値が求まる：

$$\overline{N}_f=\sum_{i=1}^{N}\left[\frac{L(X_k)A(X_f)}{\sum_{f=1}^{F}L(X_k)A(X_f)}\right] \quad (4.81)$$

$$\overline{r}_{jf}=\sum_{i=1}^{N}\left[\frac{u_{ij}L(X_k)A(X_f)}{\sum_{f=1}^{F}L(X_k)A(X_f)}\right] \quad (4.82)$$

(4.81) 式は総被験者サンプル N の中で潜在能力得点 X_f をもつであろう期待度数値（expected frequency）であり，MML-EM 推定法において暫定的（provisional）サンプルサイズと呼ばれる．(4.82) 式はその得点レベル X_f において，総被験者サンプル N の中で項目 j に正答する被験者の期待度数値であり，同様に暫定的正答数と呼ばれる．

Bock & Aitkin (1981) の MML 推定法が前節で紹介した Bock & Lieberman (1970) の MML 推定法と大きく違うのは，(4.81) 式と (4.82) 式で表された期待度数値を求めるステップを最尤度パラメータを求めるステップの前に挿入することである．期待値を求めるステップを E（expectancy）ステップと呼び，それらを使って尤度関数の最大値を満たすパラメータ値を推定するニュートン・ラプソン法やフィッシャースコアリング法のようなステップを M（maximization）ステップと呼ぶ．Bock-Aitkin 項目パラメータ推定法はこの E と M のステップの 2 つからなるサイクル（EM cycle）を繰り返しながら，そのプロセスが収斂するときのパラメータ値を最終値として求めていく．この意味で Bock & Aitkin (1981) の MML 推定法を「EM アルゴリズムを用いた MML 推定法（marginal maximum likelihood estimation method with EM algorithm, MML-EM)」と呼ぶ．M ステップにおいて，2 パラメータロジスティック IRT モデル（2 parameter logistic IRT model, 2 PL IRT model）$P_j(X_f)$ における項目識別力パラメータ a_j の推定のためには

$$\sum_{f=1}^{F}(X_f-b_j)[\overline{r}_{jk}-\overline{N}_f P_j(X_f)]=0 \tag{4.83}$$

が用いられ，項目困難度パラメータ b_j の推定のためには

$$\sum_{f=1}^{F}\frac{\overline{r}_{jf}-\overline{N}_f P_j(X_f)}{P_j(X_f)}=0 \tag{4.84}$$

が用いられている．

Bock & Lieberman（1970）に載っていた式：

$$\frac{\partial}{\partial \xi}\log L=\sum_{i=1}^{N}\int\frac{\partial}{\partial \xi_j}[\log P(\mathbf{u}_i|\theta,\xi)]p(\theta|\mathbf{u}_i,\xi,\tau)d\theta \tag{4.85}$$

から，Bock & Aitkin（1981）で述べられている式：

$$\sum_{f=1}^{F}\sum_{i=1}^{N}\frac{\partial}{\partial \xi_j}[\log P(\mathbf{u}_i|X_f,\xi)]p(X_f|\mathbf{u}_i,\xi,\tau)A(X_f) \tag{4.86}$$

までを変換していくと（4.83）式や（4.84）式にたどりつくのだが，ここで大切なのは（4.85）式で $\sum_{i=1}^{N}$ と $\int$ が交換可能であり，（4.86）式においては，その交換操作のゆえに期待値計算の（4.81）式と（4.82）式が導き出されてくるということである．

EM アルゴリズムの統計学的研究は Dempster, Laird, & Rubin（1977）ですでになされている．そしてその EM アルゴリズムはその後多くのモデルパラメータ推定法に応用されている．しかし MML IRT パラメータ推定法の延長線に EM アルゴリズムを応用するアイディアを追究し，その MML-EM を IRT パラメータ推定法の標準としたのは Bock と Aitkin のこの分野での大きな貢献である．BILOG-MG, PARSCALE, TESTFACT などの IRT の標準プログラムのすべてにこの MML-EM 推定法が用いられている．

PC-BILOG などの IRT 専用コンピュータプログラムを使う際に，潜在能力に関する事前確率分布についてのオプションに関するキーワードがある．それとともに識別力パラメータ，困難度パラメータ，そして当て推量パラメータといった項目パラメータに関する事前確率分布についてのキーワードがあること

に気づく．これらの事前確率分布を設定し項目パラメータを推定する方法をベイズ項目推定法と呼ぶ．1982 から 1986 年にかけての Swaminathan & Gifford (1982, 1983, 1985, & 1986) の研究成果がこの推定方式の普及に大きく貢献している．

ベイズ項目推定法は MML 推定法のみではなく，JML 推定法でも用いられる推定法である．MML 推定法では θ の事前確率分布 $g(\theta_i|\tau)$ を想定し，その分布についての平均や分散などのパラメータを τ とおいた．項目パラメータ ξ に関してもその事前確率分布 $g(\xi_i|\eta)$ を仮定し，その分布のパラメータを η とおくことができる．項目と被験者に関する情報を含む事後確率分布は，したがって

$$g(\theta, \tau, \xi, \eta | \mathbf{U}) \propto L(\mathbf{U}|\theta,\xi)g(\theta|\tau)g(\tau)g(\xi|\eta)g(\eta) \qquad (4.87)$$

となる．(4.87) 式においてのパラメータのそれぞれはベクトルの場合もあるし，スカラーである場合もある．

PC の計算スピードの向上につれ，推測の目標となる事後分布をそれに従う乱数を発生させることによって直接把握するマルコフ連鎖モンテカルロ (Markov chain Monte Carlo, MCMC) 法が IRT のパラメータ推定に近年利用され始めている．その MCMC 法の代表的なアルゴリズムにメトロポリス・ヘイスティングスアルゴリズム（Metropolis-Hastings, MH）がある．そのアルゴリズム実行に伴うサンプリング法としてギブスサンプラー（Gibbs sampler）が IRT のパラメータ推定に応用されている．IRT のみならず，因子分析モデルなどの他のモデルのパラメータ推定についての MCMC 法応用も，豊田 (2008) に詳しい．

単次元の 1PL，2PL，3PL などの単純な IRT モデルのパラメータ推定に MCMC 法を利用することは，現時点では，その推定過程のスピードが実務に耐えられるほどに早くはないことから推奨できない．また最終能力パラメータ推定値を MCMC 法で求めることは，それがランダムネスを含んでいる理由でやはり実務に応用することは無理がある．被験者の実際の最終スコアの実際値が計算するたびに変動してしまうことを被験者に納得してもらうことはやはり難しい．この場合，モデルの項目パラメータを MCMC 法で推定し，それを用

いて EAP 法などの従来の推定法で能力値を求めるのは順当である．この 2 段階推定プロセスで多次元 IRT モデルや反応時間を要素に含むより複雑な IRT モデルなどをテスト分析の実務に応用することは将来現実的であるし，またこのような応用についての研究が日本でも盛んに行われることを期待している．

5

潜在能力値パラメータ推定法

　前章で紹介した MML-EM 推定法では，潜在特性変数の事前確率分布 $g(\theta_i|\tau)$ を仮定して，まず最初に項目反応理論（IRT）モデルの項目パラメータを全項目について推定する．次に推定されたそれら項目パラメータ $\hat{\bar{\xi}}=(\hat{\mathbf{a}}, \hat{\mathbf{b}}, \hat{\mathbf{c}})$ を既知として各被験者パラメータであるところの潜在特性値 $\theta_i (i=1, 2, ..., N)$ を順次推定していく．

　BILOG-MG（Zimowski, et al. 2003）のフェーズ（Phase）Ⅲでは被験者パラメータの推定方法として，ML 推定法（maximum likelihood estimation method），EAP 推定法（expected a posteriori estimation method），そして MAP 推定法（maximum a posteriori estimation method）の 3 つから選ぶことができる．多値反応モデルも扱える PARSCALE（Muraki & Bock, 2003）では ML 推定法と EAP 推定法のほかに，WML 推定法（weighted maximum likelihood estimation method）も採用されている．第 5 章ではこれら 4 つの推定法，ML, MAP, WML, EAP のそれぞれを紹介する．

5.1　ML 推 定 法

　被験者 i が n 個の項目に正解不正解という 2 値反応をしたときの回答パターンを $\mathbf{u}_i=(u_{i1}, u_{i2}, ..., u_{in})$ というベクトルで表す．この回答ベクトルが出現する確率は

$$L(\mathbf{u}_i|\theta_i) = \prod_{j=1}^{n} P_j(\theta_i)^{u_{ij}} Q_j(\theta_i)^{1-u_{ij}} \tag{5.1}$$

となる．(5.1) 式における $P_j(\theta_i)$ は 3 PL などの正解答を表す IRT モデルであ

るし,また $Q_j(\theta_i)=1-P_j(\theta_i)$ は不正解答の確率である.(5.1)式の確率を θ_i が未知の場合の尤度関数とみなし,その関数が最大値をとるときの θ_i を求める方法を ML 推定法(最尤推定法)と呼ぶ.その最大値は (5.1) 式の尤度関数の対数関数をとって求めても変わらない.その対数尤度関数は

$$\log L(\mathbf{u}_i|\theta_i) = \sum_{j=1}^{n}[u_{ij}\log P_j(\theta_i)+(1-u_{ij})\log Q_j(\theta_i)] \qquad (5.2)$$

と表せる.最大尤度推定値は (5.2) 式の対数尤度関数をパラメータ θ_i に関して 1 階微分した式の値が 0 となる点である.(5.2) 式の θ_i に関する第 1 次偏導関数は

$$\begin{aligned}\frac{\partial \log L(\mathbf{u}_i|\theta_i)}{\partial \theta_i} &= \frac{\partial}{\partial \theta_i}\sum_{j=1}^{n}[u_{ij}\log P_j(\theta_i)+(1-u_{ij})\log Q_j(\theta_i)] \\ &= \sum_{j=1}^{n}u_{ij}\frac{1}{P_j(\theta_i)}\frac{\partial P_j(\theta_i)}{\partial \theta_i}+\sum_{j=1}^{n}(1-u_{ij})\frac{1}{Q_j(\theta_i)}\frac{\partial Q_j(\theta_i)}{\partial \theta_i}\end{aligned} \qquad (5.3)$$

となる.(5.3) 式の中の IRT モデル $P_j(\theta_i)$ が 3 PL であるなら,その第 1 次偏導関数 $\partial P_j(\theta_i)/\partial \theta_i$ は

$$\frac{\partial P_j(\theta_i)}{\partial \theta_i} = Da_j Q_j(\theta_i)\frac{P_j(\theta_i)-c_j}{1-c_j} \qquad (5.4)$$

となる.もし 3 PL モデルの代わりに 2 PL モデルを用いるなら,その第 1 次偏導関数は

$$\frac{\partial P_j(\theta_i)}{\partial \theta_i} = Da_j P_j(\theta_i) Q_j(\theta_i) \qquad (5.5)$$

とよりシンプルな式となる.この導関数のシンプルな表現が,IRT モデルとしてロジスティック関数を用いる利点の一つである.

実際に θ_i 値を推定する場合,ニュートン・ラプソン反復推定法がよく使われる.ニュートン・ラプソン法に基づく $\hat{\theta}_i$ の $t+1$ 回目の反復推定の更新式は

$$[\hat{\theta}_i]_{t+1} = [\hat{\theta}_i]_t - \left[\frac{\partial^2 \log L(\mathbf{u}_i|\theta_i)}{\partial \theta_i^2}\right]_t^{-1}\left[\frac{\partial \log L(\mathbf{u}_i|\theta_i)}{\partial \theta_i}\right]_t \qquad (5.6)$$

(5.6) 式の中の第 2 次偏導関数は

$$\frac{\partial^2 \log L(\mathbf{u}_i|\theta_i)}{\partial \theta_i^2} = \sum_{j=1}^{n} D^2 a_j^2 \frac{P_j(\theta_i)-c_j}{(1-c_j)^2}\frac{Q_j(\theta_i)}{P_j(\theta_i)}\frac{u_{ij}c_j-P_j^2(\theta_i)}{P_j(\theta_i)} \qquad (5.7)$$

となる.(5.7) 式の導出は豊田 (2005) に詳しい.もし 2 PL モデルを使用するなら,(5.7) 式の第 2 次偏導関数は

$$\frac{\partial^2 \log L(\mathbf{u}_i|\theta_i)}{\partial \theta_i^2} = -D^2 \sum_{j=1}^{n} a_j^2 P_j(\theta_i) Q_j(\theta_i) \tag{5.8}$$

とさらにシンプルな式となる．フィッシャースコアリング法は対数尤度関数の第 2 次偏導関数 $\partial^2 \log L(\mathbf{u}_i|\theta_i)/\partial\theta_i^2$ の代わりにその期待値を用いる．$E(u_{ij})$ は $P_j(\theta_i)$ となるので，(5.7) 式の第 2 次偏導関数の期待値は

$$\begin{aligned}E\left[\frac{\partial^2 \log L(\mathbf{u}_i|\theta_i)}{\partial \theta_i^2}\right] &= \sum_{j=1}^{n} D^2 a_j^2 \frac{P_j(\theta_i)-c_j}{(1-c_j)^2} \frac{Q_j(\theta_i)}{P_j(\theta_i)} \frac{P_j(\theta_i)[c_j-P_j(\theta_i)]}{P_j(\theta_i)} \\ &= -D^2 \sum_{j=1}^{n} a_j^2 \left[\frac{P_j(\theta_i)-c_j}{1-c_j}\right]^2 \frac{Q_j(\theta_i)}{P_j(\theta_i)} \end{aligned} \tag{5.9}$$

と変形される．もちろん IRT モデルが 2PL の場合，(5.9) 式は (5.8) 式と等しくなる．つまり 2PL（あるいは 1PL）モデルのパラメータ推定法において，フィッシャースコアリング法はニュートン・ラプソン法と一致する．

被験者に実施されたテスト項目が多ければ，最尤推定量 $\hat{\theta}_i$ の分散は，近似的にその情報関数の逆数となる．すなわち

$$V(\hat{\theta}|\theta) = [I(\theta)]^{-1} \tag{5.10}$$

5.2 MAP 推定法

MAP 推定法とは，被験者パラメータの事後確率分布を最大化するようなパラメータ値を求める方法である．被験者の潜在特性パラメータの事後確率分布は尤度関数 $L(\mathbf{u}_i|\theta_i)$ と事前確率分布 $g(\theta_i|\tau)$ の積から

$$g(\theta_i|\mathbf{u}_i, \tau, \xi) \propto L(\mathbf{u}_i|\theta_i, \xi) g(\theta_i|\tau) \tag{5.11}$$

と表される．この事後確率分布を最大とするところの θ_i の値は，この対数尤度関数の第 1 次偏導関数を 0 としたときの値である：

$$\frac{\partial}{\partial \theta_i} \log L(\mathbf{u}_i|\theta_i, \xi) + \frac{\partial}{\partial \theta_i} \log g(\theta_i|\tau) = 0 \tag{5.12}$$

(5.12) 式で明らかなように ML 推定法と MAP 推定法の違いは (5.12) 式の 2 項である事前分布についての微分項である．もし θ_i の事前分布を正規分布

$$g(\theta_i|\tau=(\mu_\theta, \sigma_\theta^2)) = \frac{1}{\sqrt{2\pi}\sigma_\theta} \exp\left[-\frac{1}{2}\left(\frac{\theta_i-\mu_\theta}{\sigma_\theta}\right)^2\right] \tag{5.13}$$

と仮定するなら，その第 1 次偏導関数の導出は

5.2 MAP 推定法

$$\frac{\partial}{\partial \theta_i} \log g(\theta_i|\tau) = \frac{1}{g(\theta_i|\mu_\theta, \sigma_\theta^2)} \frac{\partial}{\partial \theta_i} g(\theta_i|\mu_\theta, \sigma_\theta^2)$$

$$= \frac{1}{g(\theta_i|\mu_\theta, \sigma_\theta^2)} \frac{1}{\sqrt{2\pi}\sigma_\theta} \frac{\partial}{\partial \theta_i} \exp\left[-\frac{1}{2}\left(\frac{\theta_i-\mu_\theta}{\sigma_\theta}\right)^2\right] \quad (5.14)$$

$$= -\frac{\theta_i-\mu_\theta}{\sigma_\theta^2}$$

となる．この第 2 次偏導関数はさらに

$$\frac{\partial^2}{\partial \theta_i^2} \log g(\theta_i|\tau) = -\frac{1}{\sigma_\theta^2} \quad (5.15)$$

と簡単に求まる．これらの導関数を用いて，θ_i の MAP 推定値は次のニュートン・ラプソン法を応用することにより求まる：

$$[\hat{\theta}_i]_{t+1}$$
$$= [\hat{\theta}_i]_t - \left[\frac{\partial^2}{\partial \theta_i^2}\log L(\mathbf{u}_i|\theta_i, \xi) + \frac{\partial^2}{\partial \theta_i^2}\log g(\theta_i|\tau)\right]_t^{-1} \left[\frac{\partial}{\partial \theta_i}\log L(\mathbf{u}_i|\theta_i, \xi) + \frac{\partial}{\partial \theta_i}\log g(\theta_i|\tau)\right]_t$$
$$(5.16)$$

フィッシャースコアリング法を使えば，(5.16) 式の中の $\partial^2/\partial \theta_i^2 \log L(\mathbf{u}_i|\theta_i, \xi)$ がよりシンプルになるのは ML 推定法の場合と同様である．

　MAP 推定法はベイズ最頻値（Bayesian modal）推定法とも呼ばれる．ML 推定法は回答パターン $\mathbf{u}_i$ によって推定プロセスが収束しない場合がある．また被験者が全問正解あるいは全問不正解の場合は ML 推定値は求まらない．しかし一方 MAP 推定法はどんな回答パターンでもそれに対応する被験者パラメータの収束値を求めることができる（Mislevy & Bock, 1990）．この点で MAP 推定法は ML 推定法より優れているように一見思える．しかし ML 推定値が発散してしまうには，回答パターンにそれなりの検討すべき問題が含まれているのかもしれない．MAP 推定値がいつも求まってしまうために問題ある回答パターンを見過ごしてしまう誤りを犯してしまうかもしれない．それに，この MAP 推定法では被験者パラメータ θ_i の分布における平均 μ_θ と分散 σ_θ^2 という超パラメータ（hyperparameter）を既知のものとして算出式に与えなければならない．MAP 推定法が ML 推定法よりも使用される度合いが少ないのはベイズ統計理論における事前確率分布に関する仮定を設けなければならない複雑さにあるのかもしれない．

5.3 WML 推定法

MAP 推定法において事前確率分布は重み付けとも解釈される．つまり MAP 推定は重み付け最尤推定法（weighted maximum likelihood estimation method, WML estimation method）ともいえる．Warm（1989）は事前確率分布の代わりにテスト情報関数の平方を重みとして用いて，能力値を推定した．Warm の重み付け ML 推定法（Warm's ML estimation method, WML estimation method）における重みは

$$g(\theta|\xi=(\mathbf{a},\mathbf{b},\mathbf{c}))=\sqrt{\sum_{J=1}^{n}I_j(\theta)} \tag{5.17}$$

となる．(5.16) 式の中の $I_j(\theta)$ は項目情報関数である．注意してほしいのは，この Warm の WML 推定法は情報関数が高い θ 値ほど，反対にいえば標準誤差の低い θ 値ほど，その重みを重くするという ML 推定法である．しかし，その重みは事前確率分布ではないので，WML 推定法はベイズ推定法の一種とはいえない．WML 推定法は心理測定学独自の手法として，*Psychometrika* 誌で最初に発表された（Warm, 1989）．しかしその後，この推定法は統計学全般においてはあまり研究されていない．そのためか，その活用も普及していない．テスト研究者のこれからの研究活用を期待したい推定法である．

5.4 EAP 推定法

EAP 推定法とは，被験者パラメータ θ_i の事後確率分布の期待値を推定する方法である．受験者が独立であるという仮定の下で，被験者の事後確率分布はベイズの定理により

$$g(\theta_i|\mathbf{u}_i,\tau,\xi)=\frac{L(\mathbf{u}_i|\theta_i,\xi)g(\theta_i|\tau)}{\int_{-\infty}^{\infty}L(\mathbf{u}_i|\theta_i,\xi)g(\theta_i|\tau)d\theta_i} \tag{5.18}$$

(5.18) 式を用い θ_i の期待値は

$$E(\theta_i|\mathbf{u}_i,\tau,\xi)=\int_{-\infty}^{\infty}\theta_i g(\theta_i|\mathbf{u}_i,\tau,\xi)d\theta$$

5.4 EAP 推定法

$$= \frac{\int_{-\infty}^{\infty} \theta_i L(\mathbf{u}_i|\theta_i, \xi) g(\theta_i|\tau)}{\int_{-\infty}^{\infty} L(\mathbf{u}_i|\theta_i, \xi) g(\theta_i|\tau) d\theta_i} \qquad (5.19)$$

となる．(5.19) 式は前章で述べたように，ノード $X_f(f=1, 2, ..., F)$ と重み $A(X_f)$ を用いて近似計算をすることができる．(5.18) 式の区分求積形は

$$P(X_f|\mathbf{u}_i, \tau, \xi) = \frac{\sum_{f=1}^{F} X_f L(X_k) A(X_f)}{\sum_{f=1}^{F} L(X_k) A(X_f)} \qquad (5.20)$$

となる．前章でも述べたように，X_f の選択として閾値は $(-4.0 \leq X \leq 4.0)$ が適当であろうし，またノード数 F も最大 40 くらいで十分であろう．X_f は個々の被験者能力の代表ともなる．極端な例であるが，項目数が 3 個だとしたら，2 値解答のパターンは $3^2=9$ 以上はありえない．ということは，3 個の項目のテストでは 9 人以上の被験者の能力は区別できないということである．もちろん，そのうちで発生確率が非常に低い解答パターンもあるに違いない．被験者の数が少なく，その回答パターンにバリエーションがない場合，ノードの数を増やすことは意味のないことと思われる．またこれもすでに述べたことだが，事前確率分布 $A(X_f)$ に正規分布を仮定する場合は，エルミート・ガウス求積法を用いて X_f を選定することがより効率的である．

　ML 推定法や MAP 推定法がニュートン・ラプソン法やフィッシャースコアリング法による反復計算を必要としているのに対して，EAP 推定法は (5.19) 式から直接計算できるのが特徴である．したがって反復推定のプロセス中における推定値の発散の問題が回避できる．さらに MAP 推定法と同様に被験者の回答パターンが全問正解あるいは全問不正解の場合でも EAP 値を求めることができる．反復計算の手間がかからないので，その推定は短時間ですむ．コンピュータ適応型テスト（CAT）のように被験者が項目に反応するごとにその能力パラメータを計算し直さなければならない状況では EAP 推定法は他の反復推定法より適切な推定法である．またニュートン・ラプソン法やフィッシャースコアリング法についての詳しい説明は Kendall & Stuart（1979）を参照してほしい．

6

拡張 IRT モデル

　正解不正解の2値反応を扱う項目反応理論（IRT）モデルを基に近来さまざまな IRT モデルが考案されている．この章ではその1次元2値反応モデルの拡張系の IRT モデルを紹介する．

6.1　多値 IRT モデル

6.1.1　一般化部分採点モデル

　多値 IRT モデルとして扱われるものとして Muraki（1992）の一般化部分採点モデル（generalized partial credit model, GPC model）がある．GPC モデルは Masters（1982）のラッシュモデル系の部分採点モデル（partial credit model, PC model）の定数として扱われている項目識別力を推定可能なパラメータにしたものである．

　GPC モデルおよび PC モデルはアンケート項目あるいはテスト項目 j における $k-1$ 番目の反応カテゴリーより k 番目の反応カテゴリーを選択あるいは応答する確率は2値ロジスティック IRT モデルによって表されるという前提から導き出される．すなわち

$$C_{jk} = P_{jk|k-1,k}(\theta) = \frac{P_{jk}(\theta)}{P_{j,k-1}(\theta) + P_{jk}(\theta)} = \frac{\exp[Z_{jk}(\theta)]}{1 + \exp[Z_{jk}(\theta)]} \tag{6.1}$$

（6.1）式は

$$P_{jk}(\theta) = \frac{C_{jk}}{1 - C_{jk}} P_{j,k-1}(\theta) = \exp[Z_{jk}(\theta)] P_{j,k-1}(\theta) \tag{6.2}$$

と書き直される．（6.2）式における $C_{jk}/(1-C_{jk})$ は $k-1$ 番目と k 番目の2つ

の反応カテゴリーが与えられた際に，$k-1$ 番目ではなく k 番目の反応カテゴリーを選択するオッズを表している．その対数変換 $Z_{jk}(\theta)$ はロジットと呼ばれる．

第1の反応カテゴリーを0とおく．その反応確率を

$$P_{j0}(\theta) = \frac{1}{G} \tag{6.3}$$

とおく．次の反応カテゴリー $k=1, 2, ..., K_j$ の反応確率は（6.2）式を用いると，

$$\begin{aligned}
P_{j1}(\theta) &= \frac{\exp[Da_j(\theta - b_{j1})]}{G} \\
P_{j2}(\theta) &= \frac{\exp[Da_j(\theta - b_{j1}) + Da_j(\theta - b_{j2})]}{G} \\
&\vdots \\
P_{jk}(\theta) &= \frac{\exp\left[\sum_{v=1}^{k} Da_j(\theta - b_{jv})\right]}{G} \\
&\vdots \\
P_{jK_j}(\theta) &= \frac{\exp\left[\sum_{v=1}^{K_j} Da_j(\theta - b_{jv})\right]}{G}
\end{aligned} \tag{6.4}$$

次に，$\sum_{k=1}^{K_j} P_{jk}(\theta) = 1$ という確率上の制約の下，

$$G = 1 + \sum_{c=1}^{K_j} \exp\left[\sum_{v=1}^{c} Da_j(\theta - b_{jv})\right] \tag{6.5}$$

が得られる．これらを基に

$$P_{jk}(\theta) = \frac{\exp\left[\sum_{v=0}^{k} Z_{jv}(\theta)\right]}{\sum_{c=0}^{K_j} \exp\left[\sum_{v=0}^{c} Z_{jv}(\theta)\right]} \tag{6.6}$$

あるいは

$$P_{jk}(\theta) = \frac{\exp\left[\sum_{v=0}^{k} Z_{jv}(\theta)\right]}{\sum_{c=0}^{K_j} \exp\left[\sum_{v=0}^{c} Z_{jv}(\theta)\right]}$$

$$= \frac{\exp[Z_{j0}(\theta)]\exp\left[\sum_{v=1}^{k} Z_{jv}(\theta)\right]}{\exp[Z_{j0}(\theta)]+\sum_{c=1}^{K_j}\exp\left[Z_{j0}(\theta)+\sum_{v=1}^{c} Z_{jv}(\theta)\right]} \quad (6.7)$$

$$= \frac{1+\exp\left[\sum_{v=1}^{k} Z_{jv}(\theta)\right]}{1+\sum_{c=1}^{K_j}\exp\left[\sum_{v=1}^{c} Z_{jv}(\theta)\right]}$$

という GPC IRT モデルを得ることができる．この GPC モデルにおいて，ロジット $Z_{jk}(\theta)$ は

$$Z_{jk}(\theta)=a_j(\theta-b_{jk})=a_j(\theta-b_j+d_k) \quad (6.8)$$

と表される．(6.8) 式における a_j を項目 j の勾配パラメータ（slope parameter），b_{jk} を項目 j 反応カテゴリー k の項目カテゴリーパラメータ（item-category parameter），b_j を項目 j の項目パラメータ，そして d_k を反応カテゴリー k のカテゴリーパラメータ（category parameter）と呼ぶ．

全項目カテゴリー数 K のうち $K-1$ 個の項目カテゴリーパラメータだけが同定できる．K 個の項目カテゴリーパラメータの一つには任意な数値を与えることができる．その理由はそのパラメータ値はモデルの分母と分子に含まれているため，どんな値をとってもモデルから約分をとおして除去されるためである．ここでは $b_{j1}\equiv0$ と任意に定めておく．

(6.6) 式や (6.7) 式の $P_{jk}(\theta)$ を項目カテゴリー反応関数（item category response function, ICRF）と呼ぶ．(6.2) 式および (6.8) 式で示されているように項目カテゴリーパラメータ b_{jk} は θ 尺度上における $P_{j,k-1}(\theta)$ と $P_{jk}(\theta)$ の 2 つの ICRF が交差する点である．これら 2 つの ICRF は θ 尺度上においてただ一度交差し，かつその交差は θ 尺度上どこにでも起こりうる．$a_j>0$ の前提の下で，

$$\begin{aligned}&\text{もし}\quad \theta=b_{jk},\ P_{jk}(\theta)=P_{j,k-1}(\theta)\\ &\qquad\theta>b_{jk},\ P_{jk}(\theta)>P_{j,k-1}(\theta)\\ &\qquad\theta<b_{jk},\ P_{jk}(\theta)<P_{j,k-1}(\theta)\end{aligned} \quad (6.9)$$

となる．

図 6.1 と図 6.2 では 3 つの反応カテゴリーをもつ 2 つの項目が GPC モデルで表される場合の ICRF をグラフに示した．項目 1 のパラメータ値は $a_1=1.0$,

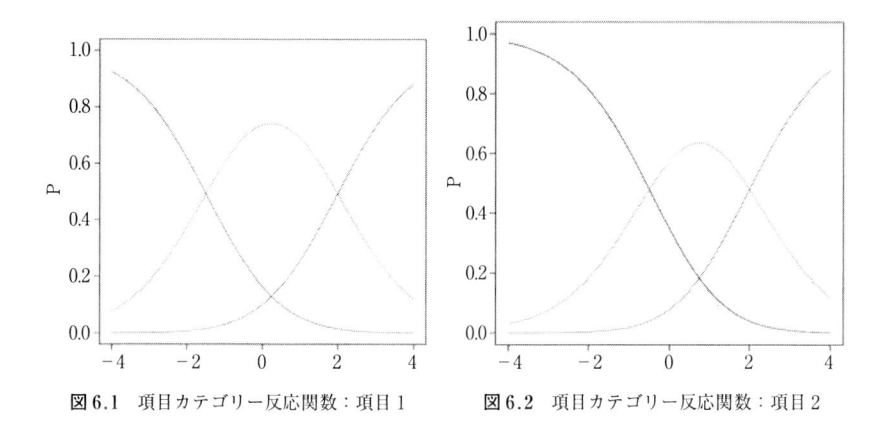

6.1 多値 IRT モデル

図 6.1 項目カテゴリー反応関数：項目 1

図 6.2 項目カテゴリー反応関数：項目 2

$b_{11}=0.0$, $b_{12}=-1.5$, $b_{13}=2.0$ で，$P_{11}(\theta)$ と $P_{12}(\theta)$ の 2 つの ICRF は $\theta=-1.5$ で，$P_{12}(\theta)$ と $P_{13}(\theta)$ の 2 つの ICRF は $\theta=2.0$ で交差している．もし項目 2 のように $b_{12}=-1.5$ が $b_{13}=-0.5$ に変わると，$P_{11}(\theta)$ と $P_{12}(\theta)$ は図 6.1 と図 6.2 でみられるように $\theta=-0.5$ で交差するようになる．そのため 1 番目の反応カテゴリーに応答する確率は増え，そのため 2 番目のカテゴリーの反応確率は減る．

GPC モデルでは Andrich（1978）の評定尺度（rating scale）モデルと同様に項目カテゴリーパラメータは $b_{jk}=b_j-d_k$ のように加算的に分解できる．カテゴリーパラメータ値 d_k は同一項目の中でカテゴリーの順に従って必ずしも増加あるいは減少してはいかない．その値はその項目内における反応カテゴリー k の他の反応カテゴリーに対する比較的な困難度あるいは項目についての代表値である位置パラメータ b_j からの各反応カテゴリーの距離を表している．カテゴリーパラメータのセットについては次の制約が課される：

$$\sum_{k=2}^{K_j} d_k = 0 \qquad (6.10)$$

項目 j における全反応カテゴリーの合計 $Z_{jk}^+(\theta)$ は

$$Z_{jk}^+(\theta) = \sum_{v=1}^{k} Z_{jv}(\theta) = a_j[T_k(\theta-b_j)+\kappa_k] \qquad (6.11)$$

となる．(6.7) 式において，

$$\kappa_k = \sum_{v=1}^{k} d_v \tag{6.12}$$

である．(6.11) 式における T_k と κ_k をそれぞれ採点関数（scoring function）とカテゴリー係数（category coefficient）と呼ぶ．PC モデルおよび GPC モデルにおいて採点関数 T_k は 1 次整数となる $(T_k = k)$．

採点関数の平均は

$$\overline{T}_j = \sum_{k=1}^{K_j} T_k P_{jk}(\theta) \tag{6.13}$$

と表され，これは多値反応項目 j の項目反応関数（item response function, IRF）であるといえる．

6.1.2　GPC モデルの MML-EM パラメータ推定

2 値 IRT モデルの項目パラメータの EM ステップを伴った MML 推定法は第 4 章に詳細に紹介した．この章では，その推定法を GPC モデルのパラメータ推定に応用する．まず E ステップにおいて，フィッシャースコアリング法の推定式に挿入する潜在得点 X_f における期待度数値である暫定的サンプルサイズ（provisional sample size）$\overline{N}_f$ と，総被験者数 N のうちで項目 j の反応カテゴリー k に回答する被験者の暫定的期待度数（expected frequency）$\overline{r}_{jkf}$ を算出しなければならない．多値 IRT モデルの場合，この $\overline{r}_{jkf}$ を特に項目 j 反応カテゴリー k の暫定的期待度数と呼ぶ：

$$\overline{N}_f = \sum_{l=1}^{S} \frac{r_l L_l(X_f) A(X_f)}{\widetilde{P}_l} \tag{6.14}$$

$$\overline{r}_{jkf} = \sum_{l=1}^{S} \frac{r_l L_l(X_f) A(X_f) u_{jkl}}{\widetilde{P}_l} \tag{6.15}$$

(6.14) 式と (6.15) 式に含まれる $L_l(X_f)$ は潜在得点 X_f におけるカテゴリー反応ベクトル $\mathbf{u}_l = (u_{11l} \, u_{12l} \, ... \, u_{jkl} \, ... \, u_{nKl})$ で表される l 番目の項目反応パターンの尤度関数である．この l 番目の項目反応パターンで表される被験者が項目 j では反応カテゴリー k に回答したとすると，$u_{jk} = 1$ であり，そのほかは $u_{jk} = 0$ となる：

$$L_l(X_f) = \prod_{j=1}^{n} \prod_{k=1}^{K_j} [P_{jk}(X_f)]^{u_{jkl}} \tag{6.16}$$

この尤度関数に求積ノード上で算出された事前能力分布 $A(X_f)$ をかけ，能力変数で積分する操作を近似計算すると

$$\widetilde{P}_l = \sum_{f=1}^{F} L_l(X_f) A(X_f) \tag{6.17}$$

が求まる．事前分布は確率分布であるので

$$\sum_{f=1}^{F} A(X_f) = 1 \tag{6.18}$$

という制約が加わる．

　パラメータ a と b のセットとパラメータ d のセットは別個に推定される．どちらのパラメータセットも次のフィッシャースコアリング法の反復推定式を用いて求められる：

$$\upsilon_q = \upsilon_{q-1} + \mathbf{V}^{-1}\mathbf{t} \tag{6.19}$$

（6.19）式においてパラメータセット υ の第 q およびその前の近似値は各々 υ_q と υ_{q-1} と表される．同式の $\mathbf{V}^{-1}$ は情報行列（information matrix）の逆行列であり，ベクトル $\mathbf{t}$ は勾配（gradient）ベクトルと呼ばれ，その長さは GPC モデルでは 2 であり，その要素はパラメータ a と b に対応してそれぞれ

$$t_{a_j} = a_j^{-1} \sum_{f=1}^{F} \sum_{k=1}^{K_j} \overline{r}_{jkf}[Z_{jk}^+(X_f) - \overline{Z}_j^+(X_f)] \tag{6.20}$$

$$t_{b_j} = a_j \sum_{f=1}^{F} \sum_{k=1}^{K_j} \overline{r}_{jkf}[-T_k + \overline{T}_j(X_f)] \tag{6.21}$$

と表される．また情報行列の要素は

$$V_{a_j a_j} = a_j^{-2} \sum_{f=1}^{F} \overline{N}_f \sum_{k=1}^{K_j} P_{jk}(X_f)[Z_{jk}^+(X_f) - \overline{Z}_j^+(X_f)]^2 \tag{6.22}$$

$$V_{b_j b_j} = a_j^2 \sum_{f}^{F} \overline{N}_f \sum_{k}^{K_j} P_{jk}(X_f)[-T_k + \overline{T}_j(X_f)]^2 \tag{6.23}$$

$$V_{a_j b_j} = \sum_{f=1}^{F} \overline{N}_f \sum_{k=1}^{K_j} P_{jk}(X_f)[Z_{jk}^+(X_f) - \overline{Z}_j^+(X_f)][-T_k + \overline{T}_j(X_f)] \tag{6.24}$$

と表される．これらの式で使われている $\overline{Z}_j^+(X_f)$ は

$$\overline{Z}_j^+(X_f) = \sum_{k=1}^{K_j} Z_{jk}^+(X_f) P_{jk}(X_f) \tag{6.25}$$

と計算される．同様にパラメータ d のセットの推定に用いられるフィッシャースコアリング法の反復推定式の勾配ベクトル $\mathbf{t}$ と情報行列 $\mathbf{V}$ の要素はそれ

ぞれ

$$t_{d_h} = \sum_{f=1}^{F} \sum_{j=1}^{n'} a_j \sum_{k=h}^{K_j} \left[\overline{r}_{jkf} - P_{jk}(X_f) \sum_{c=1}^{K_j} \overline{r}_{jcf} \right] \quad (6.26)$$

$$V_{d_h d_{h'}} = \sum_{f=1}^{F} \overline{N}_f \sum_{j=1}^{n'} a_j^2 \left[\sum_{k=h}^{K_j} P_{jk}(X_f) \right] \left[1 - \sum_{k=h'}^{K_j} P_{jk}(X_f) \right] \quad (6.27)$$

$h' \leq h$

と表される.

6.1.3 名義反応モデル

名義反応モデル (nominal response model, NR model) はアンケート項目あるいはテスト項目 j における K 個の反応カテゴリーより k 番目の反応カテゴリーを選択あるいは応答する確率を表している. PC モデルにおいて反応カテゴリーに割り振られている数値は順序尺度における変数となっているが, 名義尺度においては, 反応カテゴリーに割り振られている数値は単にそれが同じ反応カテゴリーに属しているのか否かのみを表している. その数値で表されたカテゴリー間になんらの大小関係や優劣関係があるわけではない. したがってカテゴリーに割り振られた数値に加減の演算は施せない.

NR モデルは (6.3) 式の GPC モデルにおける採点関数 T_k が推定されるべきパラメータとみなし, $a_j T_k = a_{jk}$ となり, かつカテゴリー係数 κ_k が各項目の各々の反応カテゴリーにとって独自の値 d_{jk} である場合のモデルである. すなわち項目 j の第 k 番目の反応カテゴリーを選択する確率を表す NR モデルは

$$P_{jk}(\theta) = \frac{\exp(a_{jk}^* \theta + d_{jk}^*)}{\sum_{c=1}^{K_j} \exp(a_{jc}^* \theta + d_{jc}^*)} \quad (6.28)$$

と与えられる.

Bock (1972) の NR モデルのパラメータは Muraki の GPC モデルと密接な関係がある. NR モデルのパラメータを GPC モデルのパラメータなどで表すと

$$a_{jk}^* = T_k a_{jk} \quad (6.29)$$

$$d_{jk}^* = -T_k a_j b_j + a_j \kappa_k \quad (6.30)$$

となる. (6.29) 式と (6.30) 式からみられるように, NR モデルは GPC モデ

ルの原型であるとも，またGPCモデルはNRモデルの特殊形であるといえる．またNRモデルパラメータ a_{jk}^* を値の順に並べることによって，名義尺度である反応カテゴリーの順序に解釈できる順序が見出されるかどうかを分析できる．あるいは採点関数を調整することによって，順序尺度であるべき採点を調整したモデルを考案できる．たとえば，5段階評価の採点ルーブリックで $\mathbf{T}=(1,1,2,3,4)$ といった最初の2つの反応カテゴリーの順序が存在しない，たとえばカテゴリー1が無回答，カテゴリー2が不正解，というような場合でもGPCモデルを用いて分析できる．

NRモデルのパラメータを直接推定できるプログラムは少ない．最もよく使われているIRTプログラムにThissen（1991）のMULTILOGがある．そこではNRモデルは

$$P_{jk}(\theta) = \frac{\exp(a_{jk}\theta + d_{jk}) + w_k \exp(a_{j0}\theta + d_{j0})}{\sum_{c=0}^{K_j} \exp(a_{jc}\theta + d_{jc})} \qquad (6.31)$$

と表される．(6.31) 式で表されたThissen（1991）のNRモデルは反応カテゴリー0に対応する項が付け加えられている．ティッセン（Thissen）はこれを"Don't Know (DK)"反応カテゴリーと呼び，カテゴリー1から K_j までに反応した被験者のいくらかがこのDK反応カテゴリーに応答すべき被験者クラスに属しているものであると仮定している．2値反応モデルにおける当て推量パラメータにその働きが似ている．

6.1.4 多段階反応モデル

多段階反応モデル（graded response model, GR model）はSamejima（1969）によって考案された多値IRTモデルの一つであり，潜在特性値 θ の被験者が項目 j のカテゴリー k を選ぶ確率は

$$P_{jk}(\theta) = P_{jk}^+(\theta) - P_{j,k+1}^+(\theta) \qquad (6.32)$$

と表される．(6.32) 式の $P_{jk}^+(\theta)$ は累積カテゴリー反応関数（cumulative category response function, CCRF）と呼ばれ，

$$P_{jk}^+(\theta) = \int_{-\infty}^{a_j(\theta - b_{jk})} \phi(t) dt \qquad (6.33)$$

であり， $a_j > 0$ であり，CCRFは，したがってそれ自身 k 番以下の反応カテゴ

図6.3 スコアの期待値

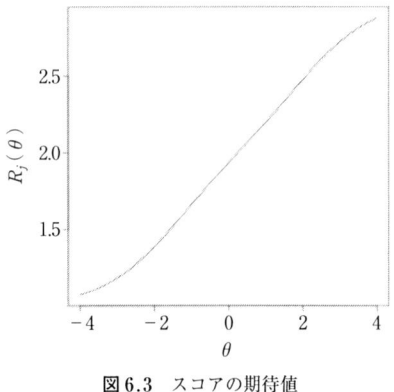

リーは0で，k番目あるいはそれ以上の反応カテゴリーでは1を与える正規累積2値IRTモデル（normal ogive binary IRT model）となっている．もちろんCCRFを2パラメータロジスティックIRTモデル（2 parameter logistic IRT model, 2PL IRT model）で表すこともできる．

GPCモデルやGRモデルのような反応カテゴリーが順序尺度の変数となっている場合，

$$R_j(\theta) = \sum_{k=1}^{K_j} T_k P_{jk}(\theta) \tag{6.34}$$

というスコアの期待値（expected score）を求め図6.3のようにプロットすることはその項目の特徴をまとめてみることができる．またGRモデルのMML推定法はMuraki（1990）によって与えられている．

6.2 線形ロジスティックテストモデル

テスト項目の難易度がさまざまな要因によって影響されているという仮定が成り立つ場合，IRTのモデルに含まれる項目困難度パラメータb_jを項目の難しさを構成する要因とその要因の重みに線形分解して表すモデルを線形ロジスティックテストモデル（linear logistic test model, LLT model）と呼ぶ．LLTモデルの困難度パラメータは

$$b_j = \sum_{m=1}^{M} \omega_{jm} \beta_m + \delta \tag{6.35}$$

と表す(Fischer, 1983).ここで$\beta_m (m=1, 2, ..., M, M \leq n-1)$は項目$j$に解答するために必要とされる知的処理過程の要素,あるいは各要因であり,基本パラメータ(basic parameter)と呼ばれる.基本パラメータはn個の全テスト項目に共通に仮定される要素であり,各項目にとってどれくらいそれら知的処理の各要素が必要なのかを重み係数ω_{jm}で表す.もしある項目にとってある知的処理要素が不必要である前提が成り立つ場合,$\omega_{jm}=0$とあらかじめ定めることもできる.またδは基準化定数(normalization constant)と呼ぶ.基準化定数δは

$$\sum_{j=1}^{n} b_j = \sum_{j=1}^{n} \sum_{m=1}^{M} \omega_{jm}\beta_m + n\delta \tag{6.36}$$

であり,

$$\sum_{j=1}^{n} b_j = 0 \tag{6.37}$$

と標準化すると,

$$\delta = -\frac{1}{n}\sum_{j=1}^{n} \sum_{m=1}^{M} \omega_{jm}\beta_m \tag{6.38}$$

と与えられる.

(6.33)式から項目jと項目j'の困難度の違いは

$$b_j - b_{j'} = \sum_{m=1}^{M} (\omega_{jm} - \omega_{j'm})\beta_m \tag{6.39}$$

とLLTモデルにおいては基本パラメータとその重み係数の違いで説明できる.言い換えれば,項目間の困難度はそれらの項目の解答に必要とされる各基本的知的処理機能の重みの違いに起因する.

6.3 多次元IRTモデル

多次元IRTモデル(multidimensional IRT model, MD-IRT model)ではもしそのモデルが正規累積形(nomal ogive form)であるならそのモデルに含まれるノーミット$Z_j(\theta)$,あるいはロジスティック形であるならそのモデルに含まれるロジット$Z_j(\theta)$が

$$Z_j(\boldsymbol{\theta}) = \sum_{m=1}^{M} a_{jm}\theta_m + d_j \tag{6.40}$$

となっている．たとえばこのモデルは数学の読解問題のように，数学の能力だけではなく読解力が問題を解答するために必要であるといった，被験者がテスト項目に正解するために複数の独立した潜在能力が必要とされる仮定の下で使われる．

正規累積多次元 IRT モデルは Bock, *et al*（1988）によって

$$P_j[u_{ij}=1|Z_j(\boldsymbol{\theta}_i)] = \int_{-\infty}^{Z_j(\boldsymbol{\theta}_i)} \frac{1}{\sqrt{2\pi}} \exp\left(-\frac{1}{2}t^2\right) dt \quad (6.41)$$

と表された．このモデルは補償系（compensatory）の多次元 IRT モデルである．非補償系（non-compensatory）多次元 IRT の代表的なモデルとして次の Sympson（1978）の多次元モデル，

$$P(u_{ij}=1|\boldsymbol{\theta}_i, \mathbf{b}_j) = \prod_{m=1}^{M} \frac{\exp[a_{jm}(\theta_{im}-b_{jm})]}{1+\exp[a_{jm}(\theta_{im}-b_{jm})]} \quad (6.42)$$

があげられる．このモデルにおいて各次元に項目の困難度パラメータが設定されている．もしこれらのパラメータが推定できるのなら，優れた有用性が期待できるが，過剰なパラメータ化（overparameterization）のため，すべてのパラメータの推定は難しい．MicKenley & Reckase（1982）によって正規累積形の多次元 IRT のロジスティック形が表された：

$$P(u_{ij}=1|Z_j(\boldsymbol{\theta}_i)) = \frac{\exp[Z_j(\boldsymbol{\theta}_i)]}{1+\exp[Z_j(\boldsymbol{\theta}_i)]} \quad (6.43)$$

また多次元 2 値 IRT モデルから GR モデルの展開は Muraki & Carlson（1990）によってなされている．(6.43) 式のロジスティック形多次元 IRT モデルはまた極座標（polar coordinate）を用いて

$$\theta_{im} = \theta_i \cos \delta_{im} \quad (6.44)$$

$$P_j(u_{ij}=1|\mathbf{a}_j, c_j, \theta_i, \boldsymbol{\delta}_i) = \frac{\exp\left(\sum_{m=1}^{M} a_{jm}\theta_i \cos \delta_{im} + c_j\right)}{1+\exp\left(\sum_{m=1}^{M} a_{jm}\theta_i \cos \delta_{im} + c_j\right)} \quad (6.45)$$

とも表される．

McKinley & Reckase（1982）のロジスティック形多次元 IRT モデルにおいて，多次元モデルの項目識別力は各次元における識別力パラメータのコンビネーションで与えられる：

6.3 多次元 IRT モデル

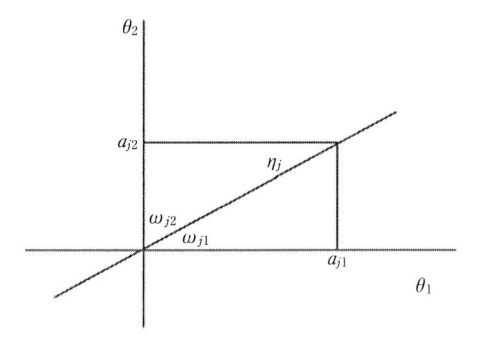

図 6.4 2 次元空間における多次元識別力

$$\eta_j = \sqrt{\sum_{m=1}^{M} a_{jm}^2} \qquad (6.46)$$

パラメータ η_j を多次元識別力（multidimensional discrimination）と呼ぶ．1 次元 2 値反応モデルにおいてパラメータ d_j は切片と呼ばれる．この場合，$d_j = -a_j b_j$ あるいは $b_j = -d_j/a_j$ であるから，同様に多次元 IRT モデルにおける項目困難度は

$$\beta_j = -\frac{d_j}{\eta_j} \qquad (6.47)$$

パラメータ β_j を多次元項目困難度と呼ぶ．パラメータ β_j 値は θ-座標の原点から最も勾配が高い点までの距離である．そしてその原点からの方向の角度は

$$\cos \omega_{jm} = \frac{a_j}{\eta_j} = \lambda_{jm} \qquad (6.48)$$

と与えられる（図 6.4）．

これまでのパラメータの関係をまとめると

$$\begin{aligned} Z_{jk}(\theta) &= \sum_{m=1}^{M} a_{jm} \theta_m + d_j \\ &= \eta_j \left(\sum_{m=1}^{M} \cos \omega_{jm} \theta_m - \beta_j \right) \\ &= \eta_j \left(\sum_{m=1}^{M} \lambda_{jm} \theta_m - \beta_j \right) \end{aligned} \qquad (6.49)$$

となる．(6.39) 式で表された 2 値反応多次元 IRT モデルの項目情報関数は

$$I_j(\mathbf{0}) = \frac{[\nabla P_j(\mathbf{0})]^2}{P_j(\mathbf{0})[1 - P_j(\mathbf{0})]}$$

$$= P(\boldsymbol{\theta})[1-P(\boldsymbol{\theta})]\left(\sum_{m=1}^{M} a_{jm} \cos \omega_{jm}\right)^2 \qquad (6.50)$$

となる．ここで $\nabla P_j(\boldsymbol{\theta})$ は $P_j(\boldsymbol{\theta})$ の導関数である．

(6.39) 式の多次元 IRT モデルの例として，2次元の IRT モデルで表される 2項目を想定した．それらの項目のパラメータ値は表 6.1 にあげられている．そして図 6.5, 6.6, 6.7 では項目 1 の ωF) がプロットされている．図 6.8, 6.9, 6.10 では項目 2 の項目特性曲面 (item characteristic surface, ICS) とそ

表 6.1　2次元 IRT モデルのパラメータ値

項目	a_{j1}	a_{j2}	c_j	η_j	β_j	ω_{j1}	ω_{j2}
1	0.93	1.38	−1.20	1.66	0.72	56.02	33.98
2	0.58	0.38	1.00	0.69	−1.44	33.23	56.77

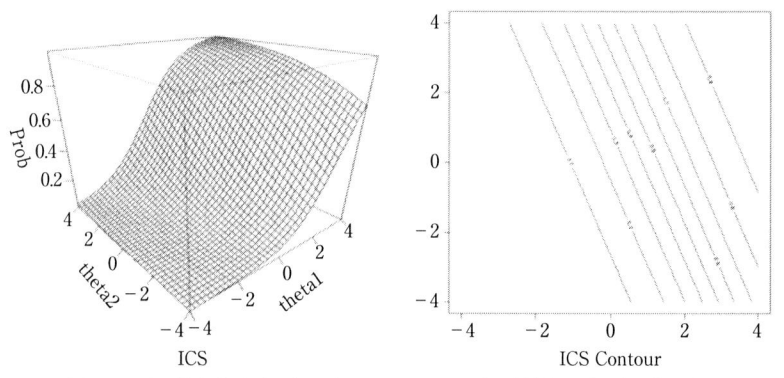

図 6.5　項目特性曲面 (ICS)：項目 2　　図 6.6　項目特性曲面 (ICS)　等高線図：項目 1

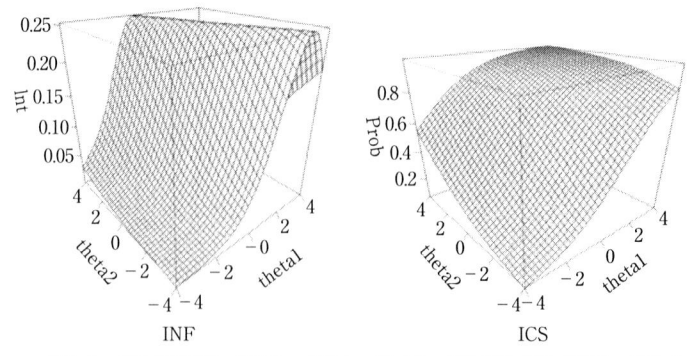

図 6.7　項目情報関数 (INF)：項目 1　　図 6.8　項目特性曲面 (ICS)：項目 2

6.3 多次元 IRT モデル

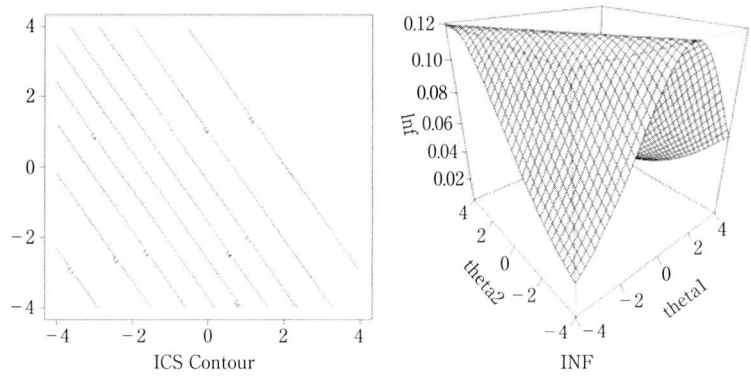

図 6.9 項目特性曲面（ICS）等高線図：項目 2 **図 6.10** 項目情報関数（INF）：項目 2

の等高線図（contour），そして項目情報関数（INF）がプロットされている．

項目1の項目識別力は2つの次元のどちらも項目2と比べて高い．したがって項目1の多次元識別力 η は項目2と比べて高くなっている．それは等高線図の間隔の密度でよく表される．密度が高いほど識別度が高くなる．また2つの項目の ω 値のセットが（56.02, 33.23）と（33.98, 56.77）のように逆になっている．項目1の第1次元軸と第2次元軸を交換すると，項目2の項目特性曲面，あるいはその等高線図とその向きは重なる．それはこれらの値が等高線と直角に交わる線の方向を表しているからである．さらに項目1の多次元困難度 $\beta_1=0.72$ は項目2のそれ $\beta_2=-1.44$ に比べ高い．これは多次元 θ 座標の原点から最も勾配が高い点までの距離である．図 6.6 と図 6.9 を比較すると，原点から等高線に直角に交わる線において，項目1では第1象限に項目2は第3象限にその勾配の最高点があることがわかる．図 6.7 と図 6.10 の項目情報関数においてもその向きや最高点については同様なことがいえる．また項目1の項目情報関数は項目2のそれより高いことがわかる．

(6.43) 式の IRT モデルに含まれるパラメータ間の関係式を因子分析モデルに書き換えると

$$Z_{jk}(\theta) = \xi_j \left(\sum_{m=1}^{M} \alpha_{jm} \theta_m - \gamma_j \right) \tag{6.51}$$

となる．(6.51) 式の α_{jm} は因子負荷量（factor loading）と呼ばれる．

因子分析は多変量データを基に多数の変量の関係を因子という潜在変量を用いてよりシンプルな構造を見つけ出すのがその主な目的である．その一方，多次元 IRT モデルは 被験者群とテスト項目セットの関係をモデル化したもので，モデリングの目的は異なるし，その応用の目的もおのずと異なる．しかしいったんどちらかのモデルのパラメータが推定されたのち，IRT モデルのパラメータセットと因子分析モデルのパラメータセットとの転換式は次のように与えられる：因子分析モデルのパラメータセットから IRT モデルのパラメータセットへの転換には

$$\xi_j = \sqrt{1 + \sum_{m=1}^{M} a_{jm}^2} = \sqrt{1 + \eta^2} \tag{6.52}$$

$$\alpha_{jm} = \frac{a_{jm}}{\xi_j} \tag{6.53}$$

$$\gamma_j = -\frac{d_j}{\xi_j} \tag{6.54}$$

が用いられる．もう一方，因子分析モデルのパラメータセットから IRT モデルのパラメータへの転換には

$$\sigma_j = \sqrt{1 - \sum_{m=1}^{M} \alpha_{jm}^2} \tag{6.55}$$

$$a_{jm} = \frac{\alpha_{jm}}{\sigma_j} \tag{6.56}$$

$$d_j = -\frac{\gamma_j}{\sigma_j} \tag{6.57}$$

が用いられる．

因子負荷の2乗の総和を共通性（communality）と呼ぶ．共通性は，したがって

$$h_j^2 = \sum_{m=1}^{M} \alpha_{jm}^2 = 1 - \sigma_j^2 \tag{6.58}$$

共通性を含めてこれまでのパラメータ間の関係をみると

$$\eta_j = \frac{h_j}{\sigma_j} \tag{6.59}$$

$$\lambda_{jm} = \frac{a_{jm}}{\eta_j} = \frac{\alpha_{jm}}{h_j} \tag{6.60}$$

（6.41）式で表された正規累積形の IRT モデルは，感覚刺激と心理現象を数学的モデルに結びつけようとした心理あるいは精神物理学（psychophysics）の影響を強く受けている．精神物理学でよく使われる「閾値」という専門用語がテスト理論紹介の文脈で使われていることに奇異な感じを抱いた読者もいたかもしれない．しかしテスティングとは心理学的測定法の一分野であり，テスト冊子とは心理学的測定ツールの一つであると考えればなんら不思議はない．

田中（1977）は「心理学的測定法」で心理学的測定法を精神物理学的測定法（psychophysical methods），評定法（rating methods），およびテスト法（test methods）の3つの大きな分野に分けている．田中はこれらの方法が実際にはしだいに相互に交錯して用いられていることを指摘している．確かにテスト理論関連の論文にも，精神物理学的測定法や評定法の知識を前提として書かれているものが増えてきている．田中がサーストン（L. L. Thurstone）の精神物理学的モデルの構築を通しての精神物理学の分野への貢献をあげているが，確かに多次元 IRT モデルの構築にはサーストンの因子分析モデルとの関連を無視することはできない．また多段階 IRT モデルを態度，嗜好，あるいは教育評定尺度の構築のために応用する試みは，評定法と IRT の融合をめざしている．

7
尺度化と等化

7.1 尺 度 化

7.1.1 素点の尺度化・標準化

 テスト受験者の成績に数値を割り当てる操作を尺度化（scaling）という．その操作の結果，テストの得点は得点尺度（score scale）上の数値として表される．学校で行われる期末試験などの結果はほとんど素得点（raw score）で表されるが，公共で行われている大規模な試験は，素点ではなく尺度化された得点（scale score）で表現されるのが普通である．かつ各試験における得点尺度はその試験に固有である．TOEIC ならそれのみで使われているいわゆる TOEIC 尺度上で得点が表される．そのような TOEIC や実用英語検定などの公共の試験は1年に幾度もの受験機会があるのが多い．それら複数の受験機会で配布されるどのテストの版を受けても得られた尺度化された得点は，等化という操作が行われた後比較可能となる．等化とは各試験の各々の版における得点尺度を共通得点尺度へ調整する操作である．尺度化と等化は関連した得点操作であるが，それぞれ固有の作業である．
 等化されていない尺度で表されている得点は，たとえ尺度化されていても得点同士の比較は意味がない．標準化された得点同士なら比較可能とか，また試験の各版はその製作段階でそれらのテストに含まれる問題の難易度をコントロールしながら作問するから，等化は必要がないという考えがあるが，それは間違いである．学力テストのような経年比較が必要な試験においては，等化のプロセスは必須である．等化された共通尺度上に表された得点であるから，学力

の伸びやあるいは下降が測れるのである．

素点 x を尺度点 y に変換する方法は線形変換や非線形変換がある．素点 x から尺度点 y への線形変換は

$$y = Ax + B \tag{7.1}$$

と表される．(7.1) 式において A は線形変換式の傾きであり，B は切片と呼ばれる．もし 100 点満点のテストにおいて 50 点と 100 点の各素点をそれぞれ 500 点と 900 点の尺度点に変換したい場合，その変換式の傾き A と切片 B は

$$A = \frac{y_2 - y_1}{x_2 - x_1} = \frac{900 - 500}{100 - 50} = \frac{400}{50} = 8 \tag{7.2}$$

であり，

$$B = y_1 - Ax_1 = y_2 - Ax_2 \tag{7.3}$$

であるから，

$$B = 500 - 8 \times 50 = 900 - 8 \times 100 = 100 \tag{7.4}$$

となる．したがってこの変換式は

$$y = 8x + 100 \tag{7.5}$$

と書ける．(7.5) 式を用いれば素点 0 点と 100 点満点はそれぞれ尺度点 100 点と 900 点に対応することになる．

素点の標準化というのは素点の分布を平均 0 標準偏差 1 の分布に変換することである．すなわち素点 x を標準得点 z に変換するためには素点 x の平均 m_x と標準偏差 s_x を用いて

$$z = \frac{x - m_x}{s_x} \tag{7.6}$$

とすればよい．日本でよく使われている尺度化得点に偏差値というものがある．通常偏差値 t に変換するということはその得点分布の平均が 50 で標準偏差を 10 とする分布にするということである．すなわち

$$z = \frac{t - 50}{10} = \frac{x - m_x}{s_x} \tag{7.7}$$

偏差値得点 t も素点 x の得点システムも (7.7) 式では標準化されている．(7.7) 式から

$$t = 10 \times \frac{x - m_x}{s_x} + 50 \tag{7.8}$$

偏差値は素点の正規化得点（normalized score）であり，Tスコアとも呼ばれる線形変換の尺度化である．Tスコアの利点はその解釈に正規分布の特質を加味することができることである．またその得点は負の得点値になりにくいことによる．

正規化得点の一種でステイナイン（stanine）がある．この尺度化は1～9の整数得点値をとり，その平均は5点で標準偏差は2点となっている．ZスコアやTスコアと比べるとその得点システムが与えてくれる情報が少ないのは明らかである．しかしそれ以上の精密な得点差が意味をもたないと判断されたとき，ステイナインのようなおおまかな尺度値はそれなりに意味がある．テスト得点でなにを表現し，どのような情報を受験者に与えるべきかの観点からテスト得点の尺度化が行われているのである．

非線形変換はその名のとおり（7.1）式のような線形変換を施さない変換操作であるが，そのやり方はさまざまある．ある素点レベル以上あるいは以下の範囲において，成績の優劣が成り立たなくなるケースでは，素点のある範囲では線形変換を用い，ある素点以上あるいは以下の場合固定値を用いる手段は非線形変換の一つである．このような複雑な変換を行う理由がある場合，非線形変換の操作の後，各素点から尺度点への換算表を作成する．

線形変換であろうが非線形変換であろうが，テストの素点を数学的に処理し変換することに抵抗のある人が日本には多い．いわゆる素点崇拝の試験文化であるが，それはテストを受験者の成績の測定ツールとして利用するという概念が定着していないためなのかもしれない．テスト項目の公開の是非についての議論にも，そのような日本的な試験観が頭をもたげる．実施したテストの項目はすべて速やかに公開し，そしてその素点にはいかなる変換操作もするべきではないという姿勢がそれである．もちろんテスト得点には測定誤差が含まれるという概念はそのような文化には定着しにくい．尺度化や等化についてのさまざまな議論を公に話していくのもテスト技術の専門家としての義務かもしれない．古典的テスト理論に基づいた等化方法の大学入試センター試験への応用例は前川（1999）に詳しい．

7.1.2 IRT 尺度

項目反応理論（IRT）モデルの適用によって導き出される θ 尺度の原点と単位は任意に決められる．しかも素点尺度と違い，上限と下限がない．また IRT モデルにおいて能力パラメータセットと項目パラメータセット間にその原点と単位に対応がある．このセット間の対応を利用し，能力得点かあるいは項目パラメータ値のいずれかを標準化し，他のモデルパラメータセットをそれに合わせて調整する方法がよく用いられる．

たとえば，θ を新たな θ^* 尺度に次の線形変換を行ったとする：

$$\theta^* = A\theta + B \tag{7.9}$$

この θ^* 尺度に対応する項目パラメータは

$$b_j^* = Ab_j + B \tag{7.10}$$

$$a_j^* = \frac{1}{A}a_j \tag{7.11}$$

$$g_j^* = g_j \tag{7.12}$$

と線形変換される．(7.12) 式にみられるように当て推量パラメータ g_j は新 θ^* 尺度において変換する必要がない．言い換えれば当て推量パラメータ g_j は項目困難度パラメータや項目識別度パラメータと違い θ 尺度に直接連動していない．これらのパラメータ間の線形変換は 3PL モデルにおいて

$$\begin{aligned}
P_j(\theta^*) &= g_j^* + (1-g_j^*)\frac{\exp[a_j^*(\theta^*-b_j^*)]}{1+\exp[a_j^*(\theta^*-b_j^*)]} \\
&= g_j + (1-g_j)\frac{\exp[(1/A)a_j(A\theta+B-Ab_j-B)]}{1+\exp[(1/A)a_j(A\theta+B-Ab_j-B)]} \\
&= g_j + (1-g_j)\frac{\exp[a_j(\theta-b_j)]}{1+\exp[a_j(\theta-b_j)]} \\
&= P_j(\theta)
\end{aligned} \tag{7.13}$$

となり，項目ごとの正解確率は尺度変換後でも $P_j(\theta^*) = P_j(\theta)$ である．

7.1.3 古典的テスト理論尺度と IRT 尺度間の変換

素点にモデルを導入したのが古典的テスト理論である．その古典的テスト理論において真値の概念は受験者のテスト得点の期待値として定義される．

(1.1) 式における素点 t_i の真値 T は

$$T = E(t) = \sum_{j=1}^{n} E(u_j) \tag{7.14}$$

と定義される．古典的テスト理論で定義される真値 T は IRT モデルを用いて

$$\begin{aligned}T(\theta) &= \sum_{j=1}^{n} E(u_j) \\ &= \sum_{j=1}^{n} [1 \times P_j(u_j=1|\theta) + 0 \times P_j(u_j=0|\theta)] \\ &= \sum_{j=1}^{n} P_j(\theta)\end{aligned} \tag{7.15}$$

と表される．（7.15）式で表される $T(\theta) = \sum_{j=1}^{n} P_j(\theta)$ はテスト特性曲線（test characteristic curve, TCC）と呼ばれる．能力値 θ の閾値は $-\infty < \theta < \infty$ である一方，真値の区間は $[0, n]$ である．またネガティブな能力値 θ に心理的な抵抗がある場合，その尺度を変換して，より自然な数値のみで表現することも可能である．IRT モデルを基に（7.15）式で計算される真値尺度は，たとえばテストの達成水準など，受験者に直接理解可能な情報を提供する場合に応用されている．

7.2 等　　　化

7.2.1 水平等化と垂直等化

あるテストが複数回実施される際，そのテストの異なる版をいくつか作成する必要がある．そのような複数のテストの実施によって得られるテスト結果の比較を可能にする一連の作業を等化と呼ぶと先に述べた．複数のテストのすべてが平行テストである場合，理論的には等化をする必要はないが，現実にはそのような平行テストを作成することは難しい．複数のテスト版を使用して，なお比較可能に得点を調整する場合，等化することにより複数のテスト版の得点の間に等価関係を確立するための等化の作業を行うことを強く勧める．そのような等化を行うことによって，どんな学力のレベルの受験生にとっても，そのテストのどの版を受験してもかまわなくなるのである（Lord, 1980）．

ここまで述べてきた等化を水平等化（horizontal equating）と呼ぶことがあ

る．これはもう一つの等化，垂直等化（vertical equating）と区別する必要のある場合に使われる．垂直等化は広範囲の学力レベルの受験生を同一尺度で比べることができるような複数の尺度を連結して単一尺度を構築するために行う．異なる学年をカバーする単一尺度の構築はその応用例の一つである．むろん等化される各学年のテスト得点の分布の平均や分散についての等質性についての仮定はもともと保持できない．むしろ異質な集団間における等化であることが原則となる点が水平等化と大きく異なる．この意味でこの垂直等化を水平等化と同様の等化の一種としてみることには疑問が残る．あくまでも IRT の応用の一つとして等化と区別するべきであると思う．

　Mislevy（1992）と Linn（1993）は，等化と心理測定的な手法として似ているがそこで前提とされている統計的前提が等化と比べて厳しくない方法をカリブレーション（calibration）と呼び，等化とともにリンキング（linking）作業の2つのタイプとした．"calibration" と "linking" には「校正」と「連結」という日本語訳があるが，以前日本で行われていなかった作業であることから，それらの訳語に違和感がある．無理な日本語訳を用いるより，ある学術用語は英語のままで用いた方が無難な気がする．

7.2.2　等化のデザイン

　複数個のテストを等化するためには前もってそれらのテストの実施に関してデータ収集のデザインを立てておくことが必要になる．原則として等化のためにはそれらのテストを受験する集団は共通あるいは等価である必要がある．あるいはそれらの複数のテストの版に共通な項目が含まれていなければならない．

　最も単純な等化のためのデータ収集のデザインは同一の集団に複数のテストの版を受験させればよい．これを単一集団法（single-group design）という．しかしこのデザインでは受験するテストの版の実施順序が，疲労や学習効果などの影響を得点に与えないという前提がなければならない．このような現実的でない前提より，複数のテスト版の実施順序をバランスがとれるようにあるいはランダムに配置することが考えられる．これを均衡型無作為集団法（counterbalanced random-group design）という．たとえば1つの集団を無作為に

半分に分け，2つのテストの版の一方を最初のグループに，後の一方を次のグループに受験させるというデザインが考えられる．いくつかのテストの版を順番に単一グループに配布して受験させるスパイラリング（spiraling）も均衡型無作為集団法の応用である．もし複数の受験集団が等価であるとみなされる場合，等価集団法（equivalent-group design）と呼ばれるデータ収集デザインが用いられる．この場合等価であることを検証することが望ましい．

複数のテストの版に含まれる共通項目のセットを係累テスト（anchor test）と呼ぶ．係累テストの本テストにおかれる位置は，学習や疲労の効果を等しくするため同じであることが望ましい．この方法では複数の受験集団についての等価性にそれほど拘泥する必要がない．たとえば1つのテストを1年に春と秋と2回実施するということはよくあるテストデザインである．この場合どちらの版にも係累テストを含めておけば，春の受験者集団と秋の受験者集団の等価性は係累テストの等価性に比べ重要ではない．

複数の受験者集団が等価でない場合のデータの等化を古典的テスト理論の下で行うことは難しい．先に述べた垂直等化はこの非等価集団等化法（equating method with non-equivalent groups）の一種である．この非等価集団の等化は，IRT 等化法が有効である．第8章 SSI プログラムで紹介する BILOG-MG の MG は multiple group（複数集団）の頭文字からとられており，その前身である BILOG3 と比べ，能力集団についての事前分布を集団ごとに設定できるため，非等価集団を含めた複数集団（multiple group）のデータ処理に大変に便利となっている．この場合，複数集団の分布特性と係累テストの項目パラメータのセット，そして各集団に別々に与えられた項目についてのパラメータが同時に推定できる．詳細は第8章で述べる．

複数の受験集団の得点分布の平均や標準偏差値を基に行う線形等化法（linear equating），非線形等化法（nonlinear equating）の代表的等化法である等パーセンタイル法（equipercentile equating）など，古典的テスト理論を踏まえた等化方法がこれまでよく使われてきた．IRT モデルを基にしたテスト分析の普及に伴い IRT 分析から得られる項目パラメータや能力推定値を用いて行う等化方法が盛んに用いられるようになった．IRT はその単位を個々のテスト項目におく．したがって項目セットにおける得点を基本の単位とする

古典的テスト理論における等化より柔軟な等化プロセスが可能になった．

7.2.3 IRTによる等化

もしテストの作成編集の際にIRTを基礎に行ったり，あるいは項目パラメータを推定し，それらを用いて受験者の能力を算出したりするならば，等化にもIRTを用いることは，IRT分析からのさまざまな情報を統合的に利用できるわけでおおいに推奨される．またIRTによる等化の柔軟性は，①パラメータ値の理論的に可能な域値が広い（$a>0$，$-\infty<b<\infty$，$-\infty<\theta<\infty$），②等化の基礎的単位が個々のテスト項目である，③項目と能力パラメータの両尺度は不定性をもつということがあげられる．パラメータ尺度の不定性は（7.13）式で表されているように，θとbのパラメータ値のセットの間には線形関係（$b^*=Ab+B$, $\theta^*=A\theta+B$）が存在し，一方のパラメータセットの尺度の設定により，同一のデータから得られる項目パラメータ推定値がいつも同じ値になるとは限らない．この不定性はしかし，IRTがもつ利点でもある．特に等化でもIRTを利用する場合には古典的テスト理論では実現することの困難な応用例を提供することができる．先ほど述べた垂直等化を利用すると，たとえば小学生レベルのテスト項目と大学生レベルのテスト項目を同一尺度に布置することが可能となる．このようにIRTは先に述べた応用例のほかに，複数の被験者グループ間における項目の機能の違いを分析する差異項目機能分析（differential item functioning analysis，DIF analysis），時間の経過によって項目パラメータ値が傾向的に変動する項目パラメータドリフト（Bock, *et al.* 1988）やコンピュータ適応型テスト（CAT）などにもおおいに利用されている．しかしIRTをこれらの作業に応用する際に留意しなければならないことは，IRTはモデルベースの理論であるということである．もし受験者と項目のパラメータ間の関係が特定のIRTモデルに表すことができない場合，それを利用した等化などの作業は意味を失うこととなり，その結果は間違いを生むことにもなる．このような得点操作にIRTを応用する際にIRTがもたらすモデル上の制約も同時に考えなければいけない．

先に述べたIRTモデルにおける項目パラメータセットと能力パラメータセットとの不定性の関係は，たとえば能力パラメータ値のセットの平均と分散を

決めてやれば，ユニークな困難度パラメータ値や項目識別度パラメータ値のセットが定まるということであり，また項目パラメータセットの平均と分散を一定にとれば，能力パラメータ値のセットが一義的に定まるということである．いま，ある被験者がテスト X と Y という2つのテストを受験したものとする．この場合，2PL あるいは 3PL において，項目困難度パラメータのセットの平均を0，分散（あるいは標準偏差）を1とすると

$$\frac{\theta_x - \mu_{\theta_x}}{\sigma_{\theta_x}} = \frac{\theta_y - \mu_{\theta_y}}{\sigma_{\theta_y}} \tag{7.16}$$

となる．ここで，μ_{θ_x} と σ_{θ_x} はテスト X から得られる能力値 θ_x の平均と標準偏差，μ_{θ_y} と σ_{θ_y} はテスト Y から得られる能力値 θ_y の平均と標準偏差である．(7.16) 式はまた

$$\theta_y = \frac{\sigma_{\theta_y}}{\sigma_{\theta_x}} \theta_x + \left(\mu_{\theta_y} - \frac{\sigma_{\theta_y}}{\sigma_{\theta_x}} \mu_{\theta_x}\right) = A\theta_x + B \tag{7.17}$$

となり，(7.9) 式と同じ線形変換の式が得られる．等化はしたがって複数のテストを基にする尺度変換とみなすこともできる．

線形変換の定数 A や B は項目パラメータのセットの平均や標準偏差からも次のように算出できる：

$$A = \frac{\sigma_{\theta_y}}{\sigma_{\theta_x}} = \frac{\sigma_{b_y}}{\sigma_{b_x}} = \frac{\mu_{a_x}}{\mu_{a_y}} \tag{7.18}$$

$$B = \mu_{\theta_y} - A\mu_{\theta_x} = \mu_{b_y} - A\mu_{b_x} \tag{7.19}$$

IRT による等化法として代表的なものに，同時尺度調整法（concurrent calibration），困難度固定法（fixed *b*s method），困難度等化法（equated *b*s method），特性曲線変換法（characteristic curve transformation method）の4つが考えられる．

同時尺度調整法は係累項目（anchor items）のセットを含む複数のテストの項目のパラメータがまとめて一度に推定される．2つ以上のテストに同時に含まれる共通項目のセットがチェーンのような役割を果たし，得られた複数のテストの項目はすべて共通の尺度上に布置される（図7.1）．

困難度固定法では複数のテストの項目パラメータはテストごとに順に推定される．その際，すでに推定されている係累項目のセットのパラメータは既知と

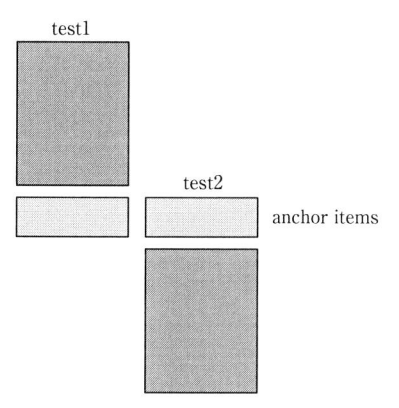

図 7.1 係累テストデザイン

ものとして固定し，ほかの項目のパラメータのみを推定することにする．そうすることにより，新しく推定した項目の尺度は係累項目セットの尺度と同じになり，同尺度上に布置される．

困難度等化法は複数のテストに含まれる項目パラメータは独立に推定される．それらの複数のテストに共通に含まれる係累項目のセットの困難度パラメータの標準偏差と平均とは等しいものとして，線形等化のための等化係数 $A(=\sigma_{b_y}/\sigma_{b_x})$ と $B(=\mu_{b_y}-A\mu_{b_x})$ を求める．それらの係数を用い一方のテストのほかの項目の困難度パラメータ，識別度パラメータ，そして能力パラメータを変換し，すべてのパラメータ値を同一尺度に布置する．これを Marco（1977）は mean/sigma method と呼んだ．それと比して線形等化のための等化係数を $A(=\mu_{a_x}/\mu_{a_y})$ と $B(=\mu_{b_y}-A\mu_{b_x})$ と計算する方法を mean/mean method と呼ぶ（Loyd & Hoover, 1980）．これらの2つの方法から得られる等化結果は残念ながら一致しない．一般的に識別度パラメータの推定が不安定であるため，それを用いない mean/sigma method がよく使われている．また mean/mean method において，等化係数 A を項目識別度のセットの平均を算術平均ではなく，幾何平均とする方法もある（Mislevy & Bock, 1990）．

特性曲線変換法は係累項目セットの等化のために行う項目困難度の平均と標準偏差を線形等化法の代わりに，各々のセットから得られたテスト曲線の差異を最小とするような線形変換を導き出す．この方法は困難度パラメータと識別

度パラメータの両方に含まれる情報を活用して行われる，IRT モデルを最も十分に活用した方法といえる．

たとえばテスト X と Y に共通に含まれる係累項目セット V に含まれる項目パラメータ (a_j, b_j, g_j) が各テストの項目ごとにそれぞれ推定できたとする．テスト X から推定された項目 j の項目パラメータから得られた項目特性曲線 (ICC) を $P_j^X(\theta; a_j^X, b_j^X, g_j^X)$ とし，テスト Y から推定された項目 j の項目パラメータから得られた ICC を $P_j^Y(\theta; a_j^Y, b_j^Y, g_j^Y)$ とする．(7.13) 式で表された IRT モデルにおけるパラメータ間の不確定性 (indeterminacy) を活用して，次の 2 つの方法で ICC の差異を計算できる：

$$\Delta_H = \sum_{j \subseteq V} [P_j^X(\theta; a_j^X, b_j^X, g_j^X) - P_j^Y(\theta; a_j^Y, b_j^Y, g_j^Y)]^2 \tag{7.20}$$

$$\Delta_{SL} = [\sum_{j \subseteq V} P_j^X(\theta; a_j^X, b_j^X, g_j^X) - \sum_{j \subseteq V} P_j^Y(\theta; a_j^Y, b_j^Y, g_j^Y)]^2 \tag{7.21}$$

(7.20) 式の各 ICC の差異の 2 乗の和に注目する方法 (Haebara, 1980) を南風原による方法 (Haebara method) と呼び，(7.21) 式の ICC の和としてのテスト特性曲線の差異の 2 乗に注目する方法を Stocking & Lord (1983) による方法と呼ぶ．どちらの方法も項目セットの差異を受験者全体で加算し，その合計の最小値における等化係数 A と B を推定することが必要となる．南風原による方法と，Stocking と Lord による方法を比較すると，南風原による方法によると Δ_H が 0 になる場合は，各項目の特性曲線がそれぞれすべて重なったときのみであるのに対して，Stocking と Lord による方法による Δ_{SL} では，それほどの厳しい同一性を要求していない．こうした方法の選択に加え，Δ 値の加算の際に θ 尺度を X と Y のどちらに合わせるか，あるいはそれらの情報をどのように組み合わせて使用するのかが問題となる．たとえばテスト Y がテスト X の改定版である場合など，個々のテスト実施のデザインでいろいろなケースが考えられる．さまざまな処理方法が考案されている．これらの詳細は Kolen & Brennan (2004) を参照してほしい．

得点真値による等化 (true-score equating) は能力パラメータ値 θ に対応する得点真値を基に等化する方法である．ある被験者がテスト X により能力値 θ_x を得たとする．その能力推定値に対応する得点真値 τ_x は

$$\tau_x = \sum_{j=1}^{n} P_j(\theta_x) \tag{7.22}$$

で求められる．同じように θ_y が同被験者のテスト Y による能力値とすると，得点真値 τ_y は

$$\tau_y = \sum_{j=1}^{n'} P_j(\theta_y) \equiv \sum_{j=1}^{n'} P_j(A\theta_x + B) \tag{7.23}$$

と求められる．各 θ_x の値に，(τ_x, τ_y) の値の対が求められる．この得点真値を用いて等化することを得点真値による等化と呼ぶ．(7.17) 式でみられるように，θ_x と θ_y は線形関係を仮定しているが，そのような単純な線形変換は τ_x と τ_y の得点真値間には存在しない．(τ_x, τ_y) の利点はそれらが得点尺度であるゆえに，具体的でかつ直観的な理解が可能な点である．得点真値による等化の結果は，それらの得点真値の対応表による提示に応用されている．

得点観測値（observed score）による等化ではまず IRT モデルを用いてそれぞれのテスト版の正解得点値の推定分布を生成する．そのために，各被験者群の得点分布としてまず個々の θ においての正解得点を 2 項分布を用いて生成し，これらを被験者集団全体の得点分布として累積集計する．それらの複数の被験者集団の得点分布を等パーセンタイル法によって等化を行う．

ここまで述べてきた等化方法は 2 値反応モデルを主にしてきた．もし反応データが多値の場合，これまで述べてきた等化方法の拡張が必要である．古典的テスト理論を基にした方法の多値データへの応用は Cohen & Kim（1998）によってなされている．多値反応データの場合，各項目に単数の a_j と複数の b_{jk} が得られる．それらの平均，標準偏差を 2 値反応モデルのように用いて等化することができる．また ICC あるいは TCC による等化法においても項目ごとのカテゴリー反応曲線ごとに差異を計算する，あるいはテスト曲線の計算に各反応カテゴリーの曲線も加えることで等化が可能となる．詳細は Kolen & Brennan（2004）に詳しい．

IRT による等化方法において問題点をあげるなら，その方法のどれもが項目パラメータの推定誤差を考慮に入れていない点であろう．受験者の数が多い場合や項目パラメータの推定誤差が無視できる場合は，等化の結果に誤差の影響はあまりないだろう．項目パラメータの推定誤差と等化の関係のいっそうの研究が望まれる．

8
SSI プログラム

　現在，能力および項目パラメータの推定のために，LOGIST, BILOG-MG, MULTILOG, PARSCALE, TESTFACT, MicroCAT などのコンピュータプログラムが配布されている．そのなかで BILOG-MG（Zimowski, et al. 2003）は2値反応データの分析に最もよく使用されている．MULTILOG（Thissen, 1991）や PARSCALE（Muraki, & Bock, 2003）は PC モデルなどのモデルも含め多値反応データ分析にも応用ができる．いわば BILOG-MG の拡張版となっている．多次元モデルへの拡張は TESTFACT（Wood, et al. 2003）が利用されている．筆者はこれら代表的なプログラム，BILOG-MG, PARSCALE, TESTFACT のプログラミングに参加する機会を得た．この章ではそれらのプログラムの使用についての概要と製作に携わって得た使用者へのヒント，そしてプログラムの例を含めて紹介していく．

　BILOG-MG, PARSCALE, TESTFACT のプログラムはすべて Scientific Software International, Inc.（SSI, http://www.ssicentral.com）から販売されている．これらの IRT 関係のプログラムを含めて，SSI は販売するプログラムがアカデミック用であるか，プロダクション用（ノンアカデミック）であるかを峻別している．研究機関などで研究目的にこれらのソフトを個人使用する場合はクレジットカード決済が可能であるが，テストビジネスにおけるテスト分析やスコアリングなどの営利活動などのそのほかの使用形態が目的の場合，SSI ではそれら団体の個別の使用活動によって契約（Non-Academic license agreements）を結ぶ必要がある．その場合の問い合わせ先も HP にあげられている．またアカデミック用でも機関全体で使用する場合は個別に購入するよりも割安な使用形態も選べる．その場合を含めて上記の URL にアクセスして

最新の情報を参照してほしい.

8.1　BILOG-MG

　BILOG-MG は BILOG の多集団データ分析への拡張版であり，2 値項目反応データから 1, 2, そして 3PL の項目パラメータを MML-EM 推定法を用いて推定するプログラムである．さらにそれらの項目パラメータを用いて各受験者の能力推定値を計算する．能力値 θ の推定法として ML 推定法，EAP 推定法，そして MAP 推定法 から選べる．IRT とともに古典的テスト理論で用いられている項目通過率や点双列相関係数（point-biserial correlation coefficient）なども計算される．プログラムは未応答や未提示の項目への反応も処理できる．

　BILOG-MG は男女あるいは多学年といった複数の被験者グループ（multiple group, MG）のデータの処理が可能である．この機能を用いると，BILOG-MG は次のような項目分析が可能となる：①非等価集団（non-equivalent groups）を対象とした等化，②垂直等化，③差異項目機能分析（DIF analysis），④項目パラメータドリフト（item parameter drift），学校群，地域などの集団データを直接対象とするテスト結果分析．さらに BILOG-MG は項目パラメータを推定するが，被験者の能力推定には用いない項目（variant item）を分析に含むことができる．

　項目分析のためのコマンドファイル（*.blm）に含まれるコマンド（command）カードは表 8.1 にまとめた．不可欠なコマンドカードは太字で示した．各コマンドにはいくつかのキーワード（keyword）が含まれる．あるキーワードの項（argument）はファイル名であったり，単独，または複数の数や文字のリストであったりする．またロジカルキーワードといって，そのキーワードのコマンドカードへの挿入の有無が重要である場合がある．各コマンドカードは 1 枚ずつが普通であるが，あるコマンドカードは複数必要である．その枚数はそれ以前のコマンドカードキーワードに示される（例：NTEst = i と $TESt_i$）．コマンドカードもキーワードも最初の 3 文字のみが有効となっている．詳細は BILOG-MG のマニュアル（Zimowski, *et al.* 2003）を参照してほし

表 8.1 BILOG-MG のコマンドカードとキーワード

Command	Keywords
TITle	
COMment	
GLObal	DFName =< filename >, MFName =< filename >, CFName =< filename >, IFName =< filename >, NPArm = n, NWGht = n, NTEst = i, NVTest = n, PRName =< filename >, LOGistic, OMIt, SAVe ;
SAVe	MASter =< filename >, CALib =< filename >, PARm =< filename >, SCOre =< filename >, COVariance =< filename >, TSTat =< filename >, POSt =< filename >, EXPected =< filename >, ISTat =< filename >, DIF =< filename >, DRIft =< filename >, PDIstrib =< filename > ;
LENgth	NITems = (list), NVAriant = (list) ;
INPut	NTOtal = n, NFMt = n, TYPe = n, SAMple = n, NALt = n, NIDchar = n, TAKe = n, NFOrm = j, NGRoup = k, ISEed = n, DIAgnose = n, KFName =< filename >, NFName =< filename >, OFName =< filename >, DRIft, DIF, PERsonal, EXTernal, ;
ITEms	INUmbers = (list), INAMes = (list) ;
TESt$_i$	NAme = n, INUmbers = (list), INAmes = (list), INTercept = (list), SLOpe = (list), THReshld = (list), GUEss = (list), DISpersn = (list), FIX = (list) ;
FORm$_j$	LENgth = n, INUmbers = (list), INAmes = (list) ;
GROup$_k$	GNAme = n, LENgth = n, INUmbers = (list), INAmes = (list) ;
DRIft	MAXpower = n, MIDpoint = (n1, n2, , ⋯) ;
(**Variable format statement**)	
CALib	NQPt = n, CYCles = n, NEWton = n, PRInt = n, CRIt = n, IDIst = n, PLOt = n, DIAgnosis = n, REFerence = n, SELect = (list), RIDge = (n1, n2, n3), ACCel = n, NSD = n, COMmon, EMPirical, NORmal, FIXed, TPRior, SPRior, GPRior, NOTprior, NOSprior, NOGprior, REAdprior, NOFloat, FLOat, NOAdjust, GROup-plot, RASch, NFUll, CHI = (n1 n2) ;
QUAd$_i$	POInts = (list), WEIghts = (list) ;
PRIors$_i$	TMU = (list), TSIgma = (list), SMU = (list), SSIgma = (list), ALPha = (list), BETa = (list) ;
SCOre	METhod = n, NQPt = (list), IDIst = n, PMN = (list), PSD = (list), RSCtype = n, LOCation = (list), SCAle = (list), INFo = n, BIWeight, FIT, NOPrint, YCOmmon, POP, MOMents, DOMain = n FILe = < filename >, REAdf, REFerence, NFOrms = n, ;
QUAds$_i$	POInts = (list), WEIghts = (list) ;

い.

パネル 8.1 では最も基本的な BILOG-MG のコマンドファイルをあげた.

パネル 8.1　BILOG-MG の基本的コマンドファイルの例

```
BLG Example.BLM Basic Irt Analysis of a Ten-item Test
3 Parameter Logistic Model: EAP SCALE SCORES
> GLOBAL DFName = 'BLGExample.DAT',
    NPArm = 3
    SAVe;
> SAVE PARm = 'BLGExample.PAR',
    SCOre = 'BLGExample.SCO';
> LENGTH NITems(10);
> INPUT NTOtal = 10,
    NIDchar = 4,
    KFName = 'BLGExample.KEY',
    OFName = 'BLGExample.OMT';
> ITEMS INAmes = (ITM01(1)ITM10);
> TEST1 TNAme = 'TEST',
    INUmber = (1(1)10);
(4A1,1X,10A1)
> CALIB NQPt = 10,
    CYCles = 25,
    NEWton = 5,
    CRIt = 0.0010,
    ACCel = 1.0000;
> SCORE NOPrint;
```

BILOG-MG のアウトプットは 1～3 の 3 つのフェーズ (phase, 段落) から成り立っている．第 1 フェーズではプログラムはコマンドファイルのコマンドカードに示されたキーワードの内容を解析しフィードバックする．プログラム利用者はコマンドの内容が分析の意図に即しているかどうかを確かめる必要がある．第 1 フェーズもアウトプットでは，全被験者のレコードが完全に読まれたかどうか (パネル 8.2 参照)，また各被験者のレコードの読み取りが正確になされたかどうかを確かめるべきである．これらの基礎的チェックを行った後，第 1 フェーズでの古典的テスト理論に沿った項目分析をチェックする．各項目の通過率や 2 項反応データとテスト総得点との相関は第 2 フェーズでのパラメータ推定のための初期値となる (パネル 8.2 参照)．

パネル 8.2　BILOG-MG 第 1 フェーズの一部

```
1000 OBSERVATIONS READ FROM FILE: BLGEXAMPLE.DAT
1000 OBSERVATIONS WRITTEN TO FILE: MF.DAT



ITEM STATISTICS FOR SUBTEST TEST

                                          ITEM*TEST CORRELATION
  ITEM   NAME    #TRIED   #RIGHT    PCT   LOGIT/1.7  PEARSON  BISERIAL
    1    ITM01   1000.0   844.0    84.4    -0.99      0.265    0.402
    2    ITM02   1000.0   972.0    97.2    -2.09      0.115    0.293
    3    ITM03   1000.0   696.0    69.6    -0.49      0.355    0.466
    4    ITM04   1000.0   503.0    50.3    -0.01      0.416    0.521
    5    ITM05   1000.0   594.0    59.4    -0.22      0.476    0.602
    6    ITM06   1000.0   539.0    53.9    -0.09      0.486    0.610
    7    ITM07   1000.0   499.0    49.9     0.00      0.533    0.668
    8    ITM08   1000.0   570.0    57.0    -0.17      0.363    0.458
    9    ITM09   1000.0   624.0    62.4    -0.30      0.538    0.686
   10    ITM10   1000.0   398.0    39.8     0.24      0.434    0.550
```

第 2 フェーズでは各項目のパラメータが MML-EM 推定法に沿って推定される．反復推定のパラメータ推定値の変化は特に注意深く読むべきである．最終的な項目パラメータがアウトプットに記録されているからといってそれが正常に収束（converge）した結果かどうかはわからない．推定過程が発散した（diverge）末のプログラムが計算できる極限値かもしれない．その見定めはパネル 8.3 にあげられた例にも明らかのように，正常の収束過程の ［EM CYCLES］ と ［FULL NEWTON CYCLES］ の −2 LOG LIKELIHOOD の値はなめらかに減少し，LARGEST CHANGE も着実に小さくなっていくことに注意することである．正常の収束経過は途中一時的にそれらの統計値が増加しても最終的には減少に転じ，そしてその変化は落ち着いてくる．パラメータ値の変化値の幅が，コマンドカード CAL の CRI キーワードの項に示された数値より小さくなれば，同カードの CYC や NEW で前もって設定された反復数に達しなくても，EM や NEWTON 過程の反復は終了する．項目パラメータの最終推

定値は，すべてパラメータ値として出現可能な範囲の数値であることを確かめる必要がある（パネル8.4参照）．10.0以上の2桁の項目識別度パラメータ値や困難度パラメータ値などは特に注意を要する．それら極端なパラメータ値は発散した過程の末の極限値である場合が多い．項目推定値はさらに古典的テスト理論から計算された第1フェーズの解析値とも比較検討することを勧める．

パネル8.3　BILOG-MG 第2フェーズの一部その1

```
[E-M CYCLES]

-2 LOG LIKELIHOOD =   10645.386
CYCLE   1;  LARGEST CHANGE =   0.50343
-2 LOG LIKELIHOOD =   10586.133
CYCLE   2;  LARGEST CHANGE =   0.12870
-2 LOG LIKELIHOOD =   10576.993
CYCLE   3;  LARGEST CHANGE =   0.09262
-2 LOG LIKELIHOOD =   10573.965
..........................................
-2 LOG LIKELIHOOD =   10571.073
CYCLE  14;  LARGEST CHANGE =   0.00057

[FULL NEWTON CYCLES]

-2 LOG LIKELIHOOD:    10571.0726
CYCLE  15;  LARGEST CHANGE =   0.00132
-2 LOG LIKELIHOOD:    10571.0714
CYCLE  16;  LARGEST CHANGE =   0.00043
```

パネル8.4　BILOG-MG 第2フェーズの一部その2

SUBTESTTEST ; ITEM PARAMETERS AFTER CYCLE 16

ITEM	INTERCEPT	SLOPE	THRESHOLD	LOADING	ASYMPTOTE
ITM01	1.037	0.623	-1.664	0.529	0.185
	0.107*	0.082*	0.256*	0.070*	0.084*
ITM02	2.287	0.643	-3.557	0.541	0.198
	0.176*	0.122*	0.559*	0.102*	0.089*
ITM03	0.439	0.722	-0.608	0.585	0.160
	0.108*	0.092*	0.188*	0.075*	0.071*
ITM04	-0.711	1.482	0.480	0.829	0.233

	0.286*	0.387*	0.093*	0.216*	0.041*
ITM05	0.169	1.024	-0.165	0.715	0.108
	0.105*	0.128*	0.112*	0.089*	0.049*
ITM06	-0.206	1.393	0.148	0.812	0.156
	0.171*	0.247*	0.103*	0.144*	0.046*
ITM07	-0.228	1.367	0.167	0.807	0.094
	0.142*	0.207*	0.086*	0.122*	0.038*
ITM08	-0.272	0.931	0.292	0.681	0.253
	0.208*	0.198*	0.174*	0.145*	0.065*
ITM09	0.307	1.612	-0.190	0.850	0.143
	0.137*	0.251*	0.099*	0.132*	0.051*
ITM10	-0.680	1.106	0.615	0.742	0.107
	0.177*	0.190*	0.090*	0.127*	0.034*

　第3フェーズでは被験者の潜在能力 θ が推定される．この分析例ではそれらの能力推定値は第3フェーズのアウトプットファイルではなく，コマンドカード SCO の NOP ロジカルキーワードを挿入し，さらにコマンドカード SAV の SCO キーワードにファイル名を特定することによって，その SCO ファイルのみに書き込まれる．

　パネル 8.2 の例では 3PL モデルが用いられている．1PL モデルや 2PL モデルの選択は GLO コマンドの NPA の項を 1 あるいは 2 にすることによって簡単に変更できる．この例では CAL コマンドには CYC = 25 と，NEW = 5 とされている．もし CRI に示された収束基準にとってこれらの反復数が少ない場合，収束していない推定値が分析結果として残る．しかしそれらの途中の推定値を SAV コマンドの PAR に指定されたファイルに記録し，その途中値から推定反復を再開することができる．そのためにもパネル 8.1 の例で示されたように PAR キーワードにファイル名を特定しておくと便利である．またそのファイルに記録された収束した推定値はさらに他のソフトを使ってグラフ作成することができる．

　BILOG-MG の識別力パラメータには log-normal，項目困難度パラメータには normal，そして当て推量パラメータには beta 分布といった事前確率分布を，もしデータ分析者が必要とみなせば使うことができる．その場合それらの分布のパラメータ η を各々設定することができる．項目識別力や当て推量パ

ラメータ推定プロセスが収束しない場合，これらの事前確率分布の応用は特に威力を発揮する．現時点において困難度パラメータは不使用，識別度パラメータと当て推量パラメータは使用が事前確率分布についての初期設定（default）となっている．それら事前分布のパラメータ値についてはプログラムの第1フェーズのアウトプットに詳しくフィードバックされる．

CALコマンドのFLOキーワードを挿入すると，事前確率分布のパラメータ値が項目パラメータ値の反復推定過程の最中に再推定されながら最新化される．被験者の数が少ない場合や項目の数が少ない場合，FLOの選択は推定サイクル値の際限なく推定値が浮遊（drift）し始める現象を生むので避ける方がよい．またRIDやACCのようなテクニカルなキーワードは初期設定のまま使用する方が無難である．

CALコマンドのNQPも初期設定の10で十分である．このNQP値は理論上実現可能な反応パターンの数に関係する．たとえば項目が1つの場合，その反応パターンの数は2しかない，2項目のテストの場合それが4パターンとなる．極端な例であるが，4パターンしかその反応パターン発生の可能性がないのに10個のNQPを使う必要はない．それだけのスコアグループが発生しないからである．反対にPARSCALEのように多値反応のデータならばこのNQPはより大きな数を使った方がいい．また項目の数が大きい場合もこのNQPの数を増やす理由にはなる．だが，ある程度の値（初期設定値）以上の値を用いても推定値の精度や推定プロセスにはあまり影響しないようである．

項目パラメータが推定できない例は識別度パラメータに関連していることが多い．その場合，事前確率分布を用いてベイズ推定することが有効である．もし事前確率分布の初期パラメータが緩すぎて発散を防げない場合，その分散を小さくしたりすることで収束できる場合もある．発散の原因になっている項目を削除することは，できるだけ避けたい．項目除去は事前確率分布の調節やそのほかの対策を講じてからの最終的な選択である．

SCOコマンドのMETはEAPスコアが初期設定である．もしML能力推定値を選択したい場合はMET = 1，MAPならMET = 2を挿入すべきである．再標準化もRSCでBILOG-MGでは2種類選べる．それらのキーワードの選択を変えながら実験し，マニュアルを参照しながら，アウトプットを丹念にチ

ェックすることは，このプログラムを習熟するために最良の方法だと思う．

前に述べたように BILOG-MG では複数のサブテストやスケールをもつ大規模なテスト，被験者の群が複数の場合，そしてドリフトモデルや DIF モデルの適合も可能である．この章ではそれらのためのコマンドまで触れることができなかった．マニュアルを読み込み，また IRT についてのワークショップに積極的に参加することで，それらの分析方法を学習してほしい．

8.2 PARSCALE

PARSCALE はもともと NAEP のような大規模な教育アセスメントのデータを分析する目的で開発された．またこのプログラムは BILOG の後進として作られた．BILOG-MG で選択できる分析方法は PARSCALE でもほとんど可能である．しかし PARSCALE の本来の開発目的は多値反応モデルのパラメータ推定である．現在 PARSCALE は多段階モデル（GR モデル）とラッシュ系モデルを含む一般化部分採点モデル（GPC モデル）を扱うことができる．現時点において Bock（1972）の名義反応モデル（NR モデル）のパラメータ推定はできない．NR モデルの分析のためには Thissen（1991）の MUILTI-LOG の利用を勧めたい．PARSCALE の項目分析のためのコマンドファイル（*.psl）に含まれるコマンドカードは表 8.1 と同様な表記に従って表 8.2 にまとめた．PARSCALE は BILOG-MG と同様に多数の被験者集団からのデータを分析できることはもちろんのこと，評定者を用いたデータ（Bock, *et al.* 2002）も分析可能である．詳細は PARSCALE のマニュアル（Muraki, & Bock, 2003）を参照してほしい．

パネル 8.5　PARSCALE の基本的コマンドファイルの例

```
PSL Example.PSL Basic Irt Analysis of a Ten-item Test
GRADED MODEL-MORMAL RESPONSE FUNCTION: EAP SCALE SCORES
> FILE DFNAME = 'EXAMPL01.DAT', SAVE;
> SAVE PARM = 'EXAMPL01.PAR', SCORE = 'EXAMPL01.SCO';
> INPUT NIDW = 4, NTOTAL = 10, LENGTH = (10);
 (4A1,10X,10A1)
```

8.2 PARSCALE

```
> TEST TNAME = SCALE, ITEM = (1(1)10), NBLOCK = 1;
> BLOCK BNAME = BLOCK, NITEMS = 10, NCAT = 4, CADJUST = 0.0;
> CALIB GRADED, LOGISTIC, SCALE = 1.7, NQPTS = 30, CYCLES = 25,
    NEWTON = 5, CRIT = 0.005;
> SCORE EAP, NQPTS = 30, NAME = EAP;
```

表8.2 PARSCALEのコマンドカードとキーワード

Command	Keywords
TITle	
COMment	
FILes	DFName =< filename >, MFName =< filename >, CFName =< filename >, IFName =< filename >, OFName =< filename >, NFName =< filename >, SAVe ;
SAVe	MASter =< filename >, CALib =< filename >, PARm =< filename >, SCOre =< filename >, INFormation =< filename >, FIT =< filename >, COMbine =< filename > ;
INPut	NTEst = i, LENgth = (list), NFMt = n, SAMple = n, TAKe = n, NIDch = n, NTOtal = n, INOpt = n, COMbine = n, MGRoup/MRAter = n, WEIght, GROuplevel, NRATER = (list), R-INopt = n ;
(Variable format statement)	
TEST$_i$/SCAle$_i$	TNAme = n, NBLock = j, ITEms = (list), INAme = (list), INTercept = (list), THReshold = (list), SLOpe = (list) ;
BLOck$_j$	BNAme = (list), NITems = n, NCAt = n, ORIginal = (list), MODifiied = (list), CNAme = (list), CATegory = (list), CADjust = n, GPArm = (list), GUEssing = (n, FIX/ESTimate), SCOring – (list), REPeat = n, SKIp = (list), Rater = (list), CSLope, NOCadjust ;
MGRoup	GNAme = (list), GCOde = (list), DIF = (list), REFerence = n, COMmon = (list) ;
MRAter	RNAme = (list), RCOde = (list), RATer = (list) ;
CALib	GRAded/PARtial, LOGistic/NORmal, SCAle = n, NQPt = n, DISt = n, CYCles = (list), CRIt – n, DIAgnosis – n, QRAnge = (list), ITEmfit – n, RIDgc = (list), NEWton = n, POSterior, FLOat, QPRead, ESTorder, SPRior, TPRior, GPRior, PRIorread, NOCalib, SKIpc, FREe = (t/NOAdjust, u/NOAdjust, REFerence/COMbined, POSTeriro/MLE), ACCel/NOAccel, CSLope, THReshold, NRAter ;
QUAdp	POInts = (list), WEIghts = (list) ;
PRIors	TMU = (list), TSIgma = (list), SMU = (list), SSIgma = (list), GMU = (list), GSIgma = (list), SOPtion ;
SCOre	NQPt = n, DISt = n, QRAnge = (list), SMEan = (list), SSD = n, NAME = n, PFQ = n, ITEration = (list), PRInt, QPRead, NOScore, SAMple, REScale, SCOring = STAndard/CALibration, EAP/MLE/WML, NOAdjust, FIT, NRAter ;
QUAds	POInts = (list), WEIghts = (list) ;
COMbine	NAMe = n, WEIghts = (list) ;

PARSCALE のアウトプットは 0 から 3 の 4 つのフェーズから成り立っている．第 0 フェーズではこのプログラムは BILOG-MG と同じようにコマンドファイルのシンタックス（syntax）エラーの分析をする．このフィードバックを注意深く読むことを勧める．またこのフェーズでプログラムは全被験者のレコードが完全に読まれたかどうかもチェックする．第 1 フェーズでは BILOG-MG のような古典的テスト理論に沿った項目分析を行う（パネル 8.6 とパネル 8.7 参照）．PARSCALE では反応カテゴリーが 2 個以上のデータが分析の対象である．リッカート法で集められたデータは両極の反応カテゴリーが極端に低い場合が多い．反応が 0 のカテゴリーのパラメータについては推定不可能であるし，また極端に反応率の低いカテゴリーは推定が難しい．パネル 8.6 であげられた第 1 フェーズの各項目の反応カテゴリーのそれぞれの出現頻度をみて，隣り合ったカテゴリー反応をまとめて（collapse）再度分析する必要が出てくる．

パネル 8.6　PARSCALE 第 1 フェーズの一部その 1

ITEM	TOTAL	NOT PRESENT	OMIT	CATEGORIES			
				1	2	3	4
0001							
FREQ.	1000	0	0	194	303	313	190
PERC.		0.0	0.0	19.4	30.3	31.3	19.0
0002							
FREQ.	1000	0	0	204	284	310	202
PERC.		0.0	0.0	20.4	28.4	31.0	20.2
0010							
FREQ.	1000	0	0	332	322	232	114
PERC.		0.0	0.0	33.2	32.2	23.2	11.4
CUMMUL.							
FREQ.				2745	2950	2686	1619
PERC.				27.5	29.5	26.9	16.2

PARSCALE のアウトプットの理解には block の概念が不可欠である．テストは項目から成り立っているが，block は項目反応カテゴリー尺度を共有する項目セットである．したがって各サブテストあるいはスケールはいくつかの

block から成り立っている．TES コマンド，あるいは SCA コマンドの NBL キーワードにその block 数を示す必要がある．その数に従って，必要な数だけの BLO コマンドを挿入する．そのコマンドカードのキーワードの説明はここでは省く．詳細はマニュアルを参照してほしい．

同じ block に含まれている項目は単一の反応カテゴリーを共有する．パネル 8.5 であげられている例では，10 の項目が同一 block に含まれており，それら項目が共有するカテゴリー尺度の反応カテゴリー数は 4 である．この 4 段階反応カテゴリーは順序尺度である．したがってパネル 8.7 で計算されているように，カテゴリーの段階が進むにつれて，その反応カテゴリーに応答した被験者の総得点の平均は理論的には増加するはずである．実際パネル 8.7 であげられている数値は 15.308 から 33.489 へと増加している．4 段階の反応カテゴリーで評価されている項目が 10 個あるということは，最高得点は 40 ということになる．これらの統計量からカテゴリーパラメータの初期値が計算される．これらの数値の順序が単純増加していない場合，なんらかの問題が発生していると思われる．

パネル 8.7　PARSCALE 第 1 フェーズの一部その 2

BLOCK ITEM	RESPONSE MEAN S.D.*	TOTAL SCORE MEAN S.D.*	PEARSON & POLYSERIAL CORRELATION	INITIAL SLOPE	INITIAL LOCATION
BLOCK					
1 0001	2.499	23.179	0.801	1.647	−0.658
	1.009*	8.084*	0.855		
2 0002	2.510	23.179	0.808	1.720	−0.675
	1.030*	8.084*	0.864		
....					
10 0010	2.128	23.179	0.755	1.424	0.053
	1.002*	8.084*	0.818		
CATEGORY		MEAN	S.D.	PARAMETER	
1		15.306	4.656	0.926	
2		21.335	5.522	0.015	
3		27.036	5.450	−0.941	
4		33.489	4.452		

第 2 フェーズでは各項目と反応カテゴリーについてのパラメータが MML-EM 推定法によって推定される．反復推定のパラメータ推定値の変化についてのチェックポイントは BILOG-MG と同じである．PARSCALE では，パネル 8.8 で示されたように最大に変化したパラメータを特定できるようになっている．これは収束を困難にしているパラメータの特定に役に立つ．ただしこの項目パラメータ名にその値が周期的に上下してなかなか収束しない項目として頻繁に出現する項目が，必ずしも問題ではない場合もある．それを除去して再度推定作業を行っても，同じように周期的に推定値が上下する項目が現れてくる場合がある．それらの対処策は長い間の項目分析の知識から身についてくる．

　推定過程に収束問題が発生している場合，隣同士の反応カテゴリーを結合（joint or collapse）した後，再度推定する方法がその問題の解決策になることがよくある．カテゴリーの結合は BLO コマンドの ORI と MOD の 2 つのキーワードを活用することで簡単に行える．たとえばその block に含まれている項目の反応カテゴリーがもともと 4 だったとする（NCA = 4）．そして，それらの反応カテゴリーは A,B,C,D とコード化されているとする．それは ORI =（A, B,C,D）と書ける．最初の反応カテゴリー A に応答した被験者の数が少なく，そのカテゴリーパラメータの推定ができない場合，隣の 2 番目の反応カテゴリー B と一緒にすることができる．それは MOD =（1, 1, 2, 3）というキーワードを挿入することで達成できる．さらに 4 反応カテゴリーを 2 項反応として取り扱いたい場合は MOD =（1, 1, 2, 2）あるいは MOD =（1, 1, 1, 2）などで 4 カテゴリーを 2 分割できる．こららの場合，NCAT の項（NCAT = 4）を変更しないことは大切である．これはプログラムが自動で調節する．

　複数の項目がたとえそれらの多値反応項目の反応カテゴリーが同数であったとしても，それらが単一の反応カテゴリー尺度（たとえばリッカート尺度）を共有しているという前提が成り立ちにくいことが推定過程の収束の難しさに関連しているかもしれない．そのように考えられるなら，各 block が単一の項目しか含まないという構造を仮定して再度プログラムを実行することを勧める．この例の場合，TES コマンド，あるいは SCA コマンドの NBL キーワードの項は NBL = 1 を NBL = 10 に変え，さらに 10 の BLO コマンドカードを挿入

することになる．同じような BLO コマンドカードを 10 個用意する煩雑さは
BLO コマンドの REP を活用することで避けることができる．最終的なパラメ
ータ推定値はパネル 8.9 にあげた．項目パラメータ値に関しては BILOG-MG
と同様の検討が必要である．カテゴリーパラメータに関しては GR モデルと
PC モデルではその解釈が異なる．したがって，多値反応モデルの分析の場
合，パラメータの解釈に ICCC のプロットが不可欠である．

パネル 8.8　PARSCALE 第 2 フェーズの一部その 1

```
CATEGORY AND ITEM PARAMETERS AFTER CYCLE   0
  LARGEST CHANGE = 0.000
  -2 LOG LIKELIHOOD =   21682.419
CATEGORY AND ITEM PARAMETERS AFTER CYCLE 1
  LARGEST CHANGE = 0.669(1.920-> 1.250) at Slope of Item:  4 0004
  -2 LOG LIKELIHOOD =   21409.039
CATEGORY AND ITEM PARAMETERS AFTER CYCLE 2
  LARGEST CHANGE = 0.224(1.250-> 1.474) at Slope of Item:  4 0004
  -2 LOG LIKELIHOOD =   21214.797
  ................................................................
CATEGORY AND ITEM PARAMETERS AFTER CYCLE   23
  LARGEST CHANGE = 0.005(-0.087->-0.082) at Location of Item: 5
0005
[NEWTON CYCLES]   GRADED RESPONSE MODEL
CATEGORY AND ITEM PARAMETERS AFTER CYCLE 0
  LARGEST CHANGE = 0.000
  -2 LOG LIKELIHOOD =   21128.653
CATEGORY AND ITEM PARAMETERS AFTER CYCLE 1
  LARGEST CHANGE = 0.072(0.429-> 0.501) at Location of Item: 10
0010
  -2 LOG LIKELIHOOD =   21124.477
  ................................................................
  -2 LOG LIKELIHOOD =   21124.419
CATEGORY AND ITEM PARAMETERS AFTER CYCLE 3
  LARGEST CHANGE = 0.005(1.537-> 1.533) at Slope of Item: 3 0003
```

パネル 8.9　PARSCALE 第 2 フェーズの一部その 2

```
ITEM BLOCK
   CATEGORY PARAMETER  =    1.005    0.012   -1.017
   S.E.                =    0.013    0.011    0.014
....................................................................
  ITEM | BLOCK | SLOPE | S.E.  | LOCATION | S.E.  | GUESSING | S.E.
  0001 |   1   | 1.541 | 0.067 |   0.004  | 0.041 |  0.000   | 0.000
  0002 |   1   | 1.528 | 0.068 |  -0.013  | 0.041 |  0.000   | 0.000
  0003 |   1   | 1.533 | 0.070 |   0.021  | 0.040 |  0.000   | 0.000
  0004 |   1   | 1.622 | 0.074 |  -0.017  | 0.039 |  0.000   | 0.000
  0005 |   1   | 1.637 | 0.073 |  -0.014  | 0.039 |  0.000   | 0.000
  0006 |   1   | 1.152 | 0.049 |   0.498  | 0.046 |  0.000   | 0.000
  0007 |   1   | 1.200 | 0.054 |   0.517  | 0.045 |  0.000   | 0.000
  0008 |   1   | 1.309 | 0.058 |   0.467  | 0.043 |  0.000   | 0.000
  0009 |   1   | 1.225 | 0.053 |   0.491  | 0.045 |  0.000   | 0.000
  0010 |   1   | 1.278 | 0.055 |   0.498  | 0.045 |  0.000   | 0.000
```

GR モデルか PC モデルかの選択は CAL コマンドの GRA か PAR かのキーワードの選択で変えることができる．推定過程に問題がある場合に違うモデルを試してみることは有効かもしれない．PARSCALE も EAP スコアが初期設定である．もし ML 能力推定値を選択したい場合は MLE あるいは，Warm の WML 推定法なら WML のキーワードを挿入するだけでよい．

8.3　TESTFACT

TESTFACT（Wood, et al. 2003）で多次元 IRT モデルを用いて，テストデータの全情報項目因子分析（full-information item factor analysis, FIFA）を行いたいと思っている利用者は TESTFACT のマニュアルで必須とされているコマンドカードだけではその分析は実行できない（表 8.3 参照）．FIFA のためには，FAC や FUL コマンドが必要である．そのために，コマンドファイルの基礎的セッティングの例をパネル 8.11 にあげた．FIFA 手法を，TESTFACT プログラムを用い学びたいものには，マニュアルを参照のうえ，このコマンドファイルを変更しながらプログラムを試行していくことを勧めたい．

8.3 TESTFACT

表 8.3 TESTFACT のコマンドカードとキーワード

Command	Keywords
TITle	
PROblem	NITems = n, SELect = n, RESponse = n, SUBtest = n, CLAss = n, FRActiles = n, EXTernal = n, SKIp = n, NOTpres ;
COMment	
NAMes	n1, n2, ⋯ ;
RESponse	omit, n1, n2, ... , not-presented ;
KEY	cc⋯⋯⋯c ;
SELect	n1, n2, ⋯ ;
SUBtest	BOUndary =(list), NAMes =(list) ;
CLAss	IDEntity =(list), NAMes =(list) ;
FRActiles	SCOre/PERcentil, BOUndary =(list) ;
EXTernal	n1, n2, ⋯
CRIterion	EXTernal/SUBtests/CRItmark, NAMe = n, WEIghts =(list) ;
RELiability	KR20/ALPha ;
PLOt	BISerial/PBIserial, NOCriterion/CRIterion, FACility/DELta ;
TETrachoric	RECode/PAIrwise/COMplete, TIMe, LISt, CROss, NDEc = n ;
BIFactor	NIGroups = n, IGRoups =(list), LISt = N, CPArms =(list), NDEc = n, OMIt = RECode/MISs/LORd, CYCles = n, QUAd = n, TIMe, SMOoth, RESidual, NOList ;
FACtor	NFAc = n, NROot = n, NDEc = n, ROTate = (VARimax,/PROmax, n, n), RESidual, SMOoth, NIT = n ;
FULl	OMIt = RECode/MISs/LORd, CYCles = n, CPArms =(list), TIMe, FREq = n, QUAd = n ;
PRIor	SLOPe = n, INTer =(n1, n2) ;
SCORe	LISt = n, NFAc = n, FILe =< filename >, MISsing, TIMe, CHAnce, LOAdings, METhod = n, PARam = n, SPRecision = n ;
TEChnical	QUAd = n, SCQuad = n, ITEr =(list), PRV = n, FREq = n, NITer =(list), NSAmple = n, MCEmseed = n, QSCale = n, QWEight = n, IQUad = n ITLimit = n, PREcision = n, NOAdapt, FRAction, ACCel = n, NOSort ;
SAVe	SCOre, MAIn, SUBtests, CRIterion, CMAin, CSUb, CCRit, CORrelat, SMOoth, UNRotate, ROTate, PARm, FSCores, TRIal, SORted, EXPected ;
SIMulate	NFAc = n, NCAses = n, SCOreseed = n, ERRorseed = n, GUEssseed = n, CHAnce, LOAdings/SLOPes, FILe =< filename >, MEAn =(list), FORm = n, GROup = n, PARm = n ;
INPut	NIDchar = n, NFMt = n, TRIal =< filename >, WEIght =(CASe, n)/PATtern, FILe =< filename >, SCOres/CORrelate/FACtors, FORmat/UNFormat, LISt, REWind ;
(Variable format statement)	
CONtinue	
STOp	

パネル8.10　FIFA のための TESTFACT の基本的コマンドファイルの例

```
> TITLE
TSF Example.TSF
NON-ADAPTIVE FULL-INFORMATION ITEM FACTOR ANALYS
> PROBLEM   NITEMS = 5, RESPONSE = 3;
> COMMENTS
      VARIMAX rotation and PROMAX rotation
> NAMES     ITEM1, ITEM2, ITEM3, ITEM4, ITEM5;
> RESPONSE  '8','0','1';
> KEY       11111;
> TETRACHORIC NDEC = 3, LIST;
> FACTOR    NFAC = 2, NROOT = 3, ROTATE = PROMAX, RESIDUAL,
SMOOTH;
> FULL      CYCLES = 20;
> TECHNICAL NOADAPT;
> SAVE      SMOOTH, ROTATED, PARM;
> INPUT     NIDCHAR = 2, SCORES, WEIGHT = PATTERN, FILE = 'Exam-
ple.DAT';
 (2A1,5A1,3X,I3)
> STOP
```

　TESTFACT プログラムはもともと項目間の反応から算出されたテトラコリック相関係数に基づいた因子分析（tetrachoric factor analysis）を行うことを目的に作成された．TESTFACT はパネル8.11のような基礎的な項目分析を行った後，計算されたテトラコリック相関係数行列を分解して，因子分析を行う（パネル8.12参照）．その結果，パネル8.13にあげたような項目ごとの因子負荷量を求めることができる．

パネル8.11　TESTFACT の古典的基礎項目分析の例

```
MAIN TEST ITEM STATISTICS
  ITEM  NUMBER  MEAN   S.D.   RMEAN FACILITY  DIFF    BIS   P.BIS
1 ITEM1  1000   3.71   1.20   4.00   0.828    9.21   0.784  0.530
2 ITEM2  1000   3.71   1.20   4.22   0.658   11.37   0.774  0.599
3 ITEM3  1000   3.71   1.20   4.10   0.772   10.02   0.848  0.611
4 ITEM4  1000   3.71   1.20   4.28   0.606   11.92   0.751  0.592
5 ITEM5  1000   3.71   1.20   3.95   0.843    8.97   0.698  0.461
```

8.3 TESTFACT

パネル 8.12 TESTFACT のテトラコリック因子分析の例その 1

```
DISPLAY  1.  TETRACHORIC CORRELATION MATRIX

                  1          2          3          4          5
               ITEM1      ITEM2      ITEM3      ITEM4      ITEM5
   1 ITEM1    1.000
   2 ITEM2    0.226      1.000
   3 ITEM3    0.291      0.432      1.000
   4 ITEM4    0.296      0.204      0.277      1.000
   5 ITEM5    0.286      0.135      0.265      0.161      1.000

DISPLAY 2. THE POSITIVE LATENT ROOTS OF THE CORRELATION MATRIX

                  1          2          3          4          5
       1      2.044321   0.921439   0.827883   0.666840   0.539517
```

パネル 8.13 TESTFACT のテトラコリック因子分析の例その 2

```
DISPLAY  4.  ITERATED COMMUNALITY ESTIMATES
                  1          2          3          4
   1 ITEM1    0.559      0.383      0.323      0.310
   2 ITEM2    0.763      0.685      0.653      0.638
   3 ITEM3    0.642      0.492      0.434      0.413
   4 ITEM4    0.360      0.198      0.175      0.179
   5 ITEM5    0.641      0.500      0.420      0.360

DISPLAY  6.  UNROTATED PRINCIPAL FACTOR LOADINGS
                  1          2
   1 ITEM1    0.510      0.225
   2 ITEM2    0.656     -0.456
   3 ITEM3    0.641     -0.052
   4 ITEM4    0.412      0.094
   5 ITEM5    0.448      0.400
```

　因子分析のパラメータは IRT パラメータ値に変換される（パネル 8.14）．これが MML-EM 推定過程（パネル 8.15 参照）において，初期値として使われる．多次元 IRT モデルの項目パラメータ推定値はパネル 8.16 にあげた．それらの IRT 項目パラメータを共通性や因子負荷などの因子分析のパラメータ

に再度変換したのち（パネル8.17参照），バリマックス（varimax）法（パネル8.18参照），そしてプロマックス（promax）法（パネル8.19）で因子軸を回転させる．プロマックス法では因子間の相関係数（角度）も計算される．

パネル8.14 TESTFACTの多次元IRTパラメータの初期値

```
DISPLAY  7.  INITIAL INTERCEPT AND SLOPE ESTIMATES

                  INTERCEPT SLOPES
                              1          2
     1 ITEM1      1.139     0.264      0.616
     2 ITEM2      0.677     1.315      0.189
     3 ITEM3      0.973     0.658      0.520
     4 ITEM4      0.297     0.262      0.386
     5 ITEM5      1.259     0.069      0.747
```

パネル8.15 TESTFACTの多次元IRTパラメータのMML-EM推定過程

```
DISPLAY 8. THE EM ESTIMATION OF PARAMETERS

CYCLE 3 -2 X MARGINAL LOG-LIKELIHOOD = 0.5310484532D + 04
             CHANGE = -0.2655242266D + 04
    MAXIMUM CHANGE OF ESTIMATES
    INTERCEPT = 0.010847 SLOPE = 0.005722
                                 0.019863
CYCLE 4 -2 X MARGINAL LOG-LIKELIHOOD = 0.5310226901D + 04
             CHANGE = 0.1288152555D + 00
    MAXIMUM CHANGE OF ESTIMATES
    INTERCEPT = 0.009688 SLOPE = 0.004851
                                 0.018109
...............................................................
CYCLE 20 -2 X MARGINAL LOG-LIKELIHOOD = 0.5308713193D + 04
             CHANGE = 0.1175269858D-01

    MAXIMUM CHANGE OF ESTIMATES
    INTERCEPT = 0.001726 SLOPE = 0.001230
                                 0.004074
```

パネル 8.16　TESTFACT の多次元 IRT 項目パラメータの推定値

```
DISPLAY   10.  UNTRANSFORMED ITEM PARAMETERS

                    INTERCEPT   SLOPES
                                  1        2
     1  ITEM1        1.168      0.254    0.679
     2  ITEM2        0.664      1.275    0.186
     3  ITEM3        0.962      0.640    0.507
     4  ITEM4        0.300      0.235    0.442
     5  ITEM5        1.141      0.135    0.517
```

パネル 8.17　因子分析パラメータの最終値

```
DISPLAY 11. STANDARDIZED DIFFICULTY, COMMUNALITY, AND PRIN-
CIPAL FACTORS

                          DIFF.   COMM.   FACTORS
                                            1        2
     1  ITEM1           -0.946   0.226    0.450   -0.154
     2  ITEM2           -0.407   0.235    0.359    0.326
     3  ITEM3           -0.745   0.240    0.479    0.103
     4  ITEM4           -0.268   0.160    0.392   -0.080
     5  ITEM5           -1.007   0.173    0.377   -0.174
```

パネル 8.18　バリマックス回転後の因子負荷

```
DISPLAY 15. STANDARDIZED DIFFICULTY, COMMUNALITY, AND VARI-
MAX FACTORS

                                  COMM.   FACTORS
                                            1        2
     1  ITEM1            0.760   0.774    0.454    0.141
     2  ITEM2            0.107   0.115    0.097    0.475
     3  ITEM3            0.089   0.765    0.325    0.366
     4  ITEM4            0.097   0.091    0.364    0.168
     5  ITEM5            0.840   0.227    0.407    0.082
```

パネル 8.19 プロマックス回転後の因子負荷と負荷間の相関係数

```
DISPLAY 16. PROMAX ROTATED FACTOR LOADINGS
                  1          2
  1 ITEM1      0.485     -0.018
  2 ITEM2     -0.057      0.516
  3 ITEM3      0.252      0.297
  4 ITEM4      0.369      0.050
  5 ITEM5      0.452     -0.068


DISPLAY 17. PROMAX FACTOR CORRELATIONS
                  1          2
      1       1.000
      2       0.588      1.000
```

参 考 文 献

Andrich, D.（1978）. A rating formulation for ordered response categories. *Psychometrika, 43,* 561-573.
Baker, F. B., & Kim, S.（2004）. *Item Response Theory：Parameter Estimation Techniques.* New York, NY：Marcel Dekker.
Birnbaum, A.（1968）. Some latent trait models and their use in inferring an examinee's ability. In F. M. Lord, & M. R. Novick（Eds.）, *Statistical Theories of Mental Test Scores* (pp. 397-479). Reading, MA：Addison-Wesley.
Bock, R. D.（1972）. Estimating item parameters and latent ability when responses are scored in two or more nominal categories. *Psychometrika, 37,* 29-51.
Bock, R. D., & Aitkin, M.（1981）. Marginal maximum likelihood estimation of item parameters：Application of EM algorithm. *Psychometrika, 46,* 443-459.
Bock, R. D., Brennan, R. L., & Muraki, E.（2002）. The information in multiple ratings. *Applied Psychological Measurement, 26,* 364-375.
Bock, R. D., Gibbons, R. D., & Muraki, E.（1988）. Full information item factor analysis. *Applied Psychological Measurement, 12,* 261-280.
Bock, R. D., & Lierberman, L.（1970）. Fitting a response model for n dichotomously scored items. *Psychometrika, 35,* 179-197.
Bock, R. D., Muraki, E., & Pfeiffenberger, W.（1988）. Item pool maintenance in the presence of item parameter drift. *Journal of Educational Measurement, 25,* 275-285.
Bond, T. G., & Fox,C. M.（2001）. *Applying the Rasch Model：Fundamental Measurement in the Human Sciences.* Mahwah, NJ：Lawrence Erlbaum Associates.
Brennan, R. L.（2001）. *Generalizability Theory.* New York, NY：Springer-Verlag.
Brown, W.（1910）. Some experimental results in the correlation of mental abilities. *British Journal of Psychology, 3,* 296-322.
Cohen, A. S., & Kim, S. H.（1998）. An investigation of linking methods under the graded response model. *Applied Psychological Measurement, 22,* 116-130.
Cronbach, L. J.（1951）. Coefficient alpha and the internal structure of tests. *Psychometrika, 16,* 297-334.
Dempster, A. P., Laird, N. M., & Rubin, D. B.（1977）. Maximum likelihood from incomplete data via the EM algorithm（with discussion）. *Journal of the Royal Statistical Society, Series B,* 1-38.
Fisher, G. H.（1983）. Logistic latent trait models with linear constraints. *Psychometrika, 48,* 3-26.
Haebara, T.（1980）. Equating logistic ability scales by a weighted least squares method. *Japanese Psychological Research, 22,* 144-149.
Hambleton, R. K., & Swaminathan, H.（1985）. *Item Response Theory：Principles and Applications.* Boston, MA：Kluwer Nijhoff.

池田 央 (1994). 現代テスト理論 (行動計量学シリーズ7). 朝倉書店.
Kendall, M. G., & Stuart, A. (1979). *The Advanced Theory of Statistics* (4th ed., Vol. 2). New York: Oxford University Press.
Kolen, M. G., & Brennan, R. L. (2004). *Test Equating, Scaling, and Linking*: Methods and Practices (2nd ed.). New York: Springer-Verlag.
Linn, R. L. (1993). Linking results of distinct assessments. *Applied Measurerment in Education, 6*, 83-102.
Lord, F. M. (1977). A broad-range tailored test of verbal ability. *Applied Psychological Measurement, 1*, 95-100.
Lord, F. M. (1980). *Applications of Item Response Theory to Practical Problems*. Hillsdale, NJ: Erlbaum.
Lord, F. M., & Novick, M. R. (Eds.) (1968). *Statistical Theories of Metal Test Scores*. Reading, MA: Addison-Wesley.
Loyd, B. H., & Hoover, H. D. (1980). Vertical equating using the Rasch model. *Journal of Educational Measurement, 17*, 179-193.
前川眞一 (1999). 得点調整の方法について. 柳井晴夫・前川眞一編, 大学入試データの解析：理論と応用 (pp.88-109). 現代数学社.
Marco, G. L. (1977). Item characteristic curve solutions to three intractable testing problems. *Journal of Educational Measurement, 14*, 139-160.
Masters, G. N. (1982). A Rasch model for partial credit scoring. *Psychometrika, 47*, 149-174.
McKinley, R. L., & Reckase, M. D. (1980). *A Comparison of the ANCILLES and LOGIST Parameter Estimation Procedures for the Three-parameter Logistic Model Using Goodness of Fit as a Criterion* (Research Rep. 80-2). Columbia: University of Missouri, Educational Psychology Department, Tailored Testing Research Laboratory.
McKinley, R. L., & Reckase, M. D. (1982). *The Use of the General Rasch Model with Multidimensional Item Response Data* (Research Report ONR 82-1). American College Testing, Iowa City, IA.
Mislevy, R. J. (1992). *Linking Educational Assessments*: Concepts, Issues, Methods, and Prospects. Princeton, NJ: Educational Testing Service, Policy Information Center.
Mislevy, R. J., & Bock, R. D. (1990). *BILOG3. Item Analysis and Test Scoring with Binary Logistic Models* (2nd ed.). Mooresville, IN: Scientific Software International.
Muraki, E. (1990). Fitting a polytomous item response model to Likert-type data. *Applied Psychological Measurement, 14*, 59-71.
Muraki, E. (1992). A generalized partial credit model: Application of an EM algorithm. *Applied Psychological Measurement, 16*, 159-176.
Muraki, E., & Bock, R. D. (2003). *PARSCALE* [Computer software]. Lincolnwood, IL: Scientific Software International.
Muraki, E., & Carlson, J. E. (1990). Full-information factor analysis for polytomous item responses. *Applied Psychological Measurement, 19*, 73-90.
Neyman, J., & Scott, E. L. (1948). Consistent estimates based on partially consistent observations. *Econometrics, 16*, 1-32
Novick, M. R., & Lewis, C. (1967). Coefficient alpha and the reliability of composite

measurements. *Psychometrika, 3,* 1-18.
Rasch, G. (1980). *Probabilistic Models for Some Intelligence and Attainment Tests.* Chicago, IL : The University of Chicago Press.
Rulon, P. J. (1939). A simplified procedure for determining the reliability of a test by split-halves. *Harvard Educational Review, 9,* 99-103.
Samejima, F. (1969). Estimation of latent trait ability using a response pattern of graded scores. *Psychometrika, Monograph Supplement, 17.*
Spearman, C. (1910). Correlation calculated from faulty data. *British Journal of Psychology, 3,* 271-295.
Stevens, S.S. (1951). Mathematics, measurement and psychophysics. *In* S.S. Stevens (Ed.), *Handbook of Experimental Psychology* (pp. 1-49). New York : Wiley & Sons.
Stocking, M. L., & Lord, F. M. (1983). Developing a common metric in item response theory. *Applied Psychological Measurement, 7,* 201-210.
Swaminathan, H., & Gifford, J. A, (1982). Bayesian estimation in the Rasch model. *Journal of Educational Statistics, 7,* 175-191.
Swaminathan, H., & Gifford, J. A, (1983). Estimation of parameters in the three-parameter latent trait model. *In* D. J. Weiss (Ed.), *New Horizons in Testing* (pp. 13-30). New York : Academic Press.
Swaminathan, H., & Gifford, J. A, (1985). Bayesian estimation in the two-parameter logistic model. *Psychometrika, 50,* 349-364.
Swaminathan, H., & Gifford, J. A, (1986). Bayesian estimation in the three-parameter logistic model. *Psychometrika, 51,* 589-601.
Sympson, J. B. (1978). A model for testing with multidimensional items. *In* D. J. Weiss (Ed.), *Proceedings of the 1977 Computerized Adaptive Testing Conference,* University of Minnesota, Minneapolis.
田中良久 (1977). 心理学的測定法. 東京大学出版会.
Thissen, D. (1991). *MULTILOG User's Guide—version 6.* Chicago, IL : Scientific Software, International.
Thurstone, L. L. (1947). *Multiple Factor Analysis.* Chicago : University of Chicago Press.
豊田秀樹 (2005). 項目反応理論 [理論編] —テストの数理— (統計ライブラリー). 朝倉書店.
豊田秀樹編著 (2008). マルコフ連鎖モンテカルロ法 (統計ライブラリー). 朝倉書店.
Warm, T. (1989). Weighted likelihood estimation of ability in item response theory. *Psychometrika, 54,* 427-450.
Wood, R., Wilson, D. T., Gibbons, R., Schilling,. S., Muraki, E., & Bock, R. D. (2003) *TESTFACT 4 for Windows : Test scoring, item statistics, and item factor analysis* [Computer software]. Lincolnwood, IL : Scientific Software Intertnational.
Wright, B. D., & Masters, G. N. (1982). *Rating Scale Analysis.* Chicago, Il : MESA Press.
Wright, B. D., & Stone, M. H. (1979). *Best Test Design.* Chicago, IL : MESA Press.
Zimowski, M. F., Muraki, E., Mislevy, R. J., & Bock, R. D. (2003). *BILOG-MG* [Computer software]. Lincolnwood, IL : Scientific Software International.

索　　引

欧　文

BILOG-MG　67,115

calibration　107
CAT　46,52
CBT　52
CML 推定法　61

DIF analysis　109

E ステップ　76
EAP 推定法　80
EM cycle　76
EM アルゴリズム　77

FIFA　128

GPC モデル　86
GR モデル　92

ICC　31
ICS　98
INF　99
IRT 尺度　105
IRT による等化　109
IRT モデル　30
item-fit　37

JML 推定法　66

KR20　28

KR21　29

linking　107
LLT モデル　94

M ステップ　76
MAP 推定法　80
MD-IRT モデル　95
mean/mean method　111
mean/sigma method　111
ML 推定法　80
MML 推定法　72
MML-EM　77
MS 統計量　36
MULTILOG　93

overfit　39

PARSCALE　77,122
PC モデル　86
person-fit　37
promax 法　132
PROX 推定法　57

Stocking と Lord による方法　112

T スコア　104
TCC　106
TESTFACT　77,127

varimax 法　132

WML 推定法　80,84

あ 行

当て推量パラメータ　46

閾値　101
閾値定数　42
一致性　71
一般化部分採点モデル　86
因子負荷量　99
因子分析モデル　100

エルミート・ガウス求積法　75

重み付け最尤推定法　84

か 行

回帰直線　42
カイ2乗分布　34
確率密度関数　72
カテゴリー係数　90
キャリブレーション　107
間隔尺度　2

擬似チャンスレベル　46
記述統計　10
記述統計量　6
基準化定数　95
期待値　14
期待度数値　76
基本対称関数　62
基本パラメータ　95
逆行列　70
求積ノード　75
共通尺度　102
共通性　100
極座標　96
局所独立の仮定　57
均衡型無作為集団法　107

クーダー・リチャードソンの係数20　28
クロンバックのアルファ係数　28

係累テスト　108
決定不可能　33
現代的テスト理論　45

構造パラメータ　71
勾配パラメータ　88
項目カテゴリーパラメータ　88
項目カテゴリー反応関数　88
項目困難度パラメータ　43
項目識別力パラメータ　43
項目情報関数　50,99
項目通過率　115
項目特性曲線　31,47
項目特性曲面　98
項目の正解率　59
項目パラメータ　88
　——の標本独立性　40
項目パラメータ群　59
項目パラメータドリフト　109
項目反応理論モデル　30
項目不適合　36
項目分析　115
誤差　18
誤差分散　21
固定効果　72
古典的テスト理論　19
コマンドファイル　115
困難度固定法　110
困難度等化法　110
コンピュータ適応型テスト　46,52
コンピュータ版テスト　52

さ 行

再検査法　23
差異項目機能分析　109
最大情報規準　52

索 引

採点関数　90
最頻値　7
最尤推定値　51
サーストン系モデル　30
算術平均　6
暫定的期待度数　90
暫定的サンプルサイズ　90
暫定的正答数　76
3PLモデル　46,49

事後確率分布　73
事前確率分布　72
尺度因子　45
尺度化　102
収束　118
自由度　17
十分統計量　58
周辺確率　72
周辺最尤推定法　65
周辺尤度関数　73
順序尺度　1
条件付き最尤推定法　61
条件付き分布　42
情報行列　91
真値　106
真値成分　19
心理測定学　84
心理物理学　55

推測統計　10
垂直等化　100
推定過程　118
推定値の誤差　18
水平等化　106
ステイナイン　104
スパイラリング　108
スピアマン・ブラウンの公式　25

正解確率のオッズ　31
正規化得点　104

正規分布　16
正規累積項目反応モデル　42
正規累積多次元IRTモデル　96
精神物理学　101
折半法　23
線形等化法　108
線形変換　103
線形ロジスティックテストモデル　94
潜在特性　31,46
潜在特性パラメータ　46
潜在能力パラメータの項目独立性　40
潜在変数　42

測定誤差　19
測定尺度　1
素点　4
素得点　102

た　行

大規模な教育アセスメント　122
大数の法則　15
対数変換　64
対数尤度関数　50,64
タウ等価形式　26
多次元IRTモデル　95
多次元項目困難度　97
多次元識別力　97
多段階反応モデル　93
多値IRTモデル　86
単一集団法　107
段落　117

注意水準の指標　49
中央値　7
中心極限定理　15
重複　20

デザイン　107
テスト全体の情報量　50

テスト通過率　44
テストデータの全情報項目因子分析　128
テスト特性曲線　106
テスト得点　19
テストの信頼性係数　22
テストの信頼性指数　22
点双列相関係数　115

等化　102
　——のデザイン　107
統計学的ランダムネス　19
等高線図　99
同時最尤推定法　65
同時尺度調整法　110
同族形式　26
等値性　20
等パーセンタイル法　108
特性曲線変換法　110
得点観測値による等化　113
得点尺度　102
得点真値による等化　112

な　行

2項確率　34
2PL正規累積IRTモデル　44
2PLモデル　45
ニュートン・ラプソン法　65

能力パラメータ群　59
ノーミットモデル　52

は　行

南風原による方法　112
パラメータ間の不確定性　112
パラメータ推定　15
　——における分離性　53
バリマックス法　132
反応カテゴリーkのカテゴリーパラメータ　88
反応カテゴリーの結合　126

被験者不適合　36
非線形等化法　108
非線形変換　103
非等価集団等化法　108
非平行形式　26
非補償系　96
標準正規分布　34
標準測定誤差　20
標準偏差　8
評定尺度モデル　89
評定者を用いたデータ　122
標本抽出　11
比率尺度　3

フィッシャースコアリング法　70
付随パラメータ　71
不注意水準の指標　49
部分採点モデル　85
フラナガンのタウ推定法の公式　27
プロマックス法　132
分散　6, 8

平均　6
平均値　6
平行形式　23
平行検査法　23
ベイズ最頻値　83
ベイズ統計理論　72
ヘッセ行列　68
偏差値得点　103

母集団　11
補償系　96

ま　行

名義尺度　1

名義反応モデル　92

モデル適合度　33

や　行

尤度関数　50

ら　行

ラッシュ系モデル　30
ランダム効果　72

離散型分布　10

リッカート法　124
リンキング　107

累積カテゴリー反応関数　93

連続型分布　12

ロジスティック関数　30
ロジスティック形多次元 IRT モデル　96
ロジット尺度　32
ロジット値　60
ロジット分散　60
ロジット変換　32

著者略歴

村木englisheiji英治
1949年　新潟県に生まれる
1983年　シカゴ大学教育学部 MESA プログラム卒業
現　在　東北大学大学院教育情報学研究部・教育部教授
　　　　Ph. D.

シリーズ〈行動計量の科学〉8
項目反応理論　　　　　　　　　　定価はカバーに表示

2011年8月25日　初版第1刷

著　者　村　木　英　治
発行者　朝　倉　邦　浩
発行所　株式会社　朝　倉　書　店
　　　　東京都新宿区新小川町6-29
　　　　郵便番号　162-8707
　　　　電　話　03(3260)0141
　　　　ＦＡＸ　03(3260)0180
　　　　http://www.asakura.co.jp

〈検印省略〉

© 2011〈無断複写・転載を禁ず〉　　　　　真興社・渡辺製本

ISBN 978-4-254-12828-4　C 3341　　Printed in Japan

◆ シリーズ〈統計科学のプラクティス〉◆
R,ベイズをキーワードとした統計科学の実践シリーズ

慶大 小暮厚之著
シリーズ〈統計科学のプラクティス〉1
Rによる統計データ分析入門
12811-6 C3341　　　　A 5 判 180頁 本体2900円

データ科学に必要な確率と統計の基本的な考え方をRを用いながら学ぶ教科書。〔内容〕データ／2変数のデータ／確率／確率変数と確率分布／確率分布モデル／ランダムサンプリング／仮説検定／回帰分析／重回帰分析／ロジット回帰モデル

東北大 照井伸彦著
シリーズ〈統計科学のプラクティス〉2
Rによるベイズ統計分析
12812-3 C3341　　　　A 5 判 180頁 本体2900円

事前情報を構造化しながら積極的にモデルへ組み入れる階層ベイズモデルまでを平易に解説〔内容〕確率とベイズの定理／尤度関数，事前分布，事後分布／統計モデルとベイズ推測／確率モデルのベイズ推測／事後分布の評価／線形回帰モデル／他

東北大 照井伸彦・目白大 ウィラワン・ドニ・ダハナ・阪大 伴 正隆著
シリーズ〈統計科学のプラクティス〉3
マーケティングの統計分析
12813-0 C3341　　　　A 5 判 200頁 本体3200円

実際に使われる統計モデルを包括的に紹介，かつRによる分析例を掲げた教科書。〔内容〕マネジメントと意思決定モデル／市場機会と市場の分析／競争ポジショニング戦略／基本マーケティング戦略／消費者行動モデル／製品の採用と普及／他

日大 田中周二著
シリーズ〈統計科学のプラクティス〉4
Rによる アクチュアリーの統計分析
12814-7 C3341　　　　A 5 判 200頁 本体3200円

実務のなかにある課題に対し，統計学と数理を学びつつRを使って実践的に解決できるよう解説。〔内容〕生命保険数理／年金数理／損害保険数理／確率的シナリオ生成モデル／発生率の統計学／リスク細分型保険／第三分野保険／変額年金／等

慶大 古谷知之著
シリーズ〈統計科学のプラクティス〉5
Rによる 空間データの統計分析
12815-4 C3341　　　　A 5 判 184頁 本体2900円

空間データの基本的考え方・可視化手法を紹介したのち，空間統計学の手法を解説し，空間経済計量学の手法まで言及。〔内容〕空間データの構造と操作／地域間の比較／分類と可視化／空間的自己相関／空間集積性／空間点過程／空間補間／他

学習院大 福地純一郎・横国大 伊藤有希著
シリーズ〈統計科学のプラクティス〉6
Rによる計量経済分析
12816-1 C3341　　　　A 5 判 200頁 本体2900円

各手法が適用できるために必要な仮定はすべて正確に記述，手法の多くにはRのコードを明記する，学部学生向けの教科書。〔内容〕回帰分析／重回帰分析／不均一分析／定常時系列分析／ARCHとGARCH／非定常時系列／多変量時系列／パネル

早大 豊田秀樹著
統計ライブラリー
項目反応理論［入門編］
―テストと測定の科学―
12662-4 C3341　　　　A 5 判 192頁 本体3400円

テストの「グローバル・スタンダード」である実用的な理論を，生のデータを使ってていねいに解説〔内容〕テストと項目／項目の特性／尺度値／項目母数／テスト情報関数／テストの構成／項目プールと等化／段階反応／問題解答／プログラム／他

早大 豊田秀樹編著
統計ライブラリー
項目反応理論［事例編］
―新しい心理テストの構成法―
12663-1 C3341　　　　A 5 判 192頁 本体3700円

テスト・調査を簡便かつ有効に行うための方法を心理測定をテーマに，具体的な手順を示して解説〔内容〕心理学と項目反応理論／劣等感尺度の構成と運用(劣等感とは／項目／母数／水平・垂直テスト，他)／抑うつ尺度／向性尺度／不安尺度／他

早大 豊田秀樹編著
統計ライブラリー
項目反応理論［理論編］
―テストの数理―
12669-3 C3341　　　　A 5 判 232頁 本体4200円

医師国家試験など日本でも急速に利用が進んでいるテスト運用法の数理をわかりやすく詳細に解説〔内容〕ロジスティックモデル(最尤推定他)／多値反応モデル(名義反応他)／仮定をゆるめたモデル(マルチグループ他)／拡張モデル／ソフトウェア

前東女大 杉山明子編著
社 会 調 査 の 基 本
12186-5 C3041　　　　A 5 判 196頁 本体3400円

サンプリング調査の基本となる考え方を実例に則して具体的かつわかりやすく解説。〔内容〕社会調査の概要／サンプリングの基礎理論と実際／調査方式／調査票の設計／調査実施／調査不能とサンプル精度／集計／推定・検定／分析を報告

統数研 土屋隆裕著
統計ライブラリー
概 説 標 本 調 査 法
12791-1 C3341　　　　A 5 判 264頁 本体3900円

標本調査理論の最新成果をふまえ体系的に理解。付録にR例。〔内容〕基礎／線形推定量／単純無作為抽出法／確率比例抽出法／比推定量／層化抽出法／回帰推定量／集落抽出法／多段抽出法／二相抽出法／関連の話題／クロス表／回帰分析

早大 豊田秀樹著
統計ライブラリー
共分散構造分析［理論編］
——構造方程式モデリング——
12696-9 C3341　　　　A 5 判 304頁 本体4800円

理論編では，共分散構造を拡張し，高次積率構造の理論とその適用法を詳述。構造方程式モデリングの新しい地平。〔内容〕単回帰モデル／2変数モデル—積率構造分析—／因子分析・独立成分分析／適合度関数／同時方程式／一般モデル／他

早大 豊田秀樹編著
統計ライブラリー
共分散構造分析［実践編］
——構造方程式モデリング——
12699-0 C3341　　　　A 5 判 304頁 本体4500円

実践編では，実際に共分散構造分析を用いたデータ解析に携わる読者に向けて，最新・有用・実行可能な実践的技術を全21章で紹介する。プログラム付〔内容〕マルチレベルモデル／アイテムパーセリング／探索的SEM／メタ分析／他

医学統計学研究センター 丹後俊郎・中大 小西貞則編
医 学 統 計 学 の 事 典
12176-6 C3541　　　　A 5 判 472頁 本体12000円

「分野別調査：研究デザインと統計解析」，「統計的方法」，「統計数理」を大きな柱とし，その中から重要事項200を解説した事典。医学統計に携わるすべての人々の必携書となるべく編纂。〔内容〕実験計画法／多重比較／臨床試験／疫学研究／臨床検査・診断／メタアナリシス／衛生統計と指標／データの記述・基礎統計量／2群比較・3群以上の比較／生存時間解析／回帰モデル分割表に関する解析／多変量解析／統計的推測理論／計算機を利用した統計的推測／確率過程／機械学習／他

元統数研 林知己夫編
社会調査ハンドブック
12150-6 C3041　　　　A 5 判 776頁 本体26000円

マーケティング，選挙，世論，インターネット。社会調査のニーズはますます高まっている。本書は理論・方法から各種の具体例まで，社会調査のすべてを集大成。調査の「現場」に豊富な経験をもつ執筆者陣が，ユーザーに向けて実用的に解説。〔内容〕社会調査の目的／対象の決定／データ獲得法／各種の調査法／調査のデザイン／質問・質問票の作り方／調査の実施／データの質の検討／分析に入る前に／分析／データの共同利用／報告書／実際の調査例／付録：基礎データの獲得法／他

前統数研 大隅 昇監訳
調 査 法 ハ ン ド ブ ッ ク
12184-1 C3041　　　　A 5 判 532頁 本体12000円

社会調査から各種統計調査までのさまざまな調査の方法論を，豊富な先行研究に言及しつつ，総調査誤差パラダイムに基づき丁寧に解説する。〔内容〕調査方法論入門／調査における推定と誤差／目標母集団，標本抽出枠，カバレッジ誤差／標本設計と標本誤差／データ収集法／標本調査における無回答／調査における質問と回答／質問文の評価／面接調査法／調査データの収集後の処理／調査にかかわる倫理の原則と実践／調査方法論に関するよくある質問と回答／文献

シリーズ〈行動計量の科学〉

日本行動計量学会〔編集〕　全10巻・A5判各巻200頁前後

　日本行動計量学会が発足して35年が経過し，行動計量学は実証面・理論面ともに大きな進歩を遂げている．しかし，学問的成果の社会への還元という観点からみた場合，必ずしも十分とは言いがたい状況にあり，世の中には不確かな調査やその分析結果の報告がしばしば見受けられる．行動計量学に統計理論は不可欠であるが，問題構造の把握や適切な調査法の選択など，自然，人文，社会の諸分野に特有の事情にも配慮する必要がある．
　本企画は，データの諸科学に携わる研究者・実務家に向けて，行動計量学の最新の成果を実証・理論の両面からまとめることを目指すもので，すべての巻の執筆にそれぞれ日本行動計量学会の第一人者があたる，意欲的な試みである．

シリーズ〈行動計量の科学〉刊行委員会
柳井晴夫(委員長)，岡太彬訓，繁桝算男，森本栄一，吉野諒三

◆◆◆

1. **行動計量学への招待**　　　　　　　　　　224頁　3500円
　柳井晴夫 編
2. **マーケティングのデータ分析** －分析手法と適用事例－　168頁　2600円
　岡太彬訓・守口　剛 著
3. **医療サービスの計量分析**
　久保武士・清木　康 著
4. **学習評価の新潮流**　　　　　　　　　　　200頁　3000円
　植野真臣・荘島宏二郎 著
5. **国際比較データの解析** －意識調査の実践と活用－　224頁　3500円
　吉野諒三・林　文・山岡和枝 著
6. **意思決定の処方**
　竹村和久・藤井　聡 著
7. **因子分析**　　　　　　　　　　　　　　　184頁　2900円
　市川雅教 著
8. **項目反応理論**　　　　　　　　　　　　　160頁
　村木英治 著
9. **非計量多変量解析法** －主成分分析から多重対応分析へ－　184頁　3200円
　足立浩平・村上　隆 著
10. **カテゴリカルデータ解析**
　星野崇宏 著

上記価格（税別）は 2011 年 7 月現在